ROBERT-HOUDIN

LES

TRICHERIES

DES GRECS

DÉVOILÉES

L'ART DE GAGNER A TOUS LES JEUX

> Éclairez les dupes, il n'y aura
> plus de fripons.
>
> MONTESQUIEU.

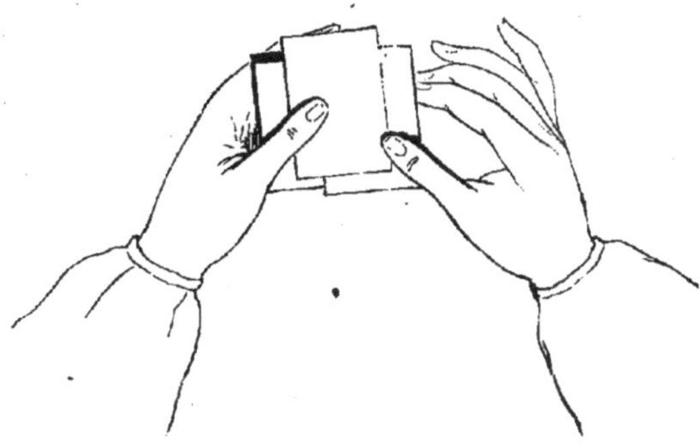

PARIS

LIBRAIRIE NOUVELLE

Boulevard des Italiens, 15

A. BOURDILLIAT ET Cie, ÉDITEURS

1861

LES

TRICHERIES DES GRECS

DÉVOILÉES

L'ART DE GAGNER A TOUS LES JEUX

OUVRAGE DE M. ROBERT-HOUDIN

EN VENTE A LA MÊME LIBRAIRIE

CONFIDENCES D'UN PRESTIDIGITATEUR, 2 vol...... ... ...   6 fr.

Paris.— Imp. de la Librairie Nouvelle, A. Bourdilliat, 15, rue Breda.

ROBERT-HOUDIN

LES

TRICHERIES

DES GRECS

DÉVOILÉES

L'ART DE GAGNER A TOUS LES JEUX

Éclairez les dupes, il n'y aura
plus de fripons.
MONTESQUIEU.

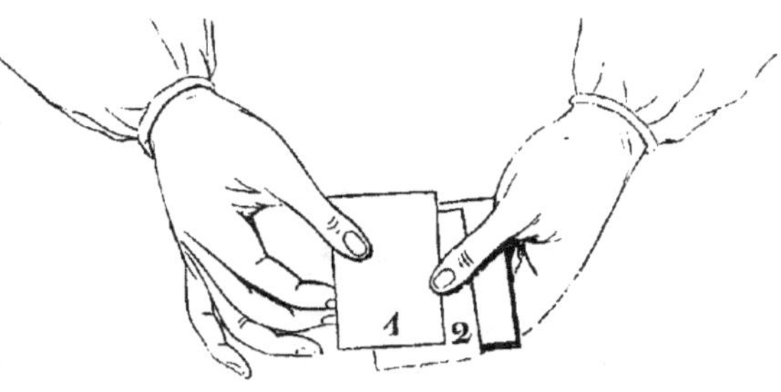

PARIS

LIBRAIRIE NOUVELLE

BOULEVARD DES ITALIENS, 15

A. BOURDILLIAT ET Cⁱᵉ, ÉDITEURS

1861

PRÉFACE

Plusieurs fois honoré par la magistrature du mandat d'expert, j'ai été frappé, dans l'exercice de ma mission, des obstacles et des embarras qu'en matière d'escroquerie et de tromperie au jeu, le juge pouvait trouver dans son honnêteté même.

En effet, comment pénétrera-t-il la trame subtile dont le Grec enveloppe ses dupes? Comment saisira-t-il le flagrant délit des fourberies de cet escroc, s'il n'en connaît pas les manœuvres prestigieuses?

Par un singulier renversement des conditions ordinaires de la justice, c'est donc dans le cas où le malfaiteur est le plus armé de ruse et d'audace que le magistrat se trouve précisément sans défense.

Voué, une partie de ma vie, à l'étude de la prestidigitation et n'ayant encore consacré mes efforts qu'à amuser mes semblables, j'ai pensé que le moment était venu de donner au public, qui a bien voulu m'honorer de sa faveur, une marque non équivoque de ma reconnaissance en lui consacrant les loisirs que je lui dois.

J'ai donc composé cet ouvrage dont le but et la moralité peuvent se résumer dans cette incontestable vérité :

Éclairez les dupes il n'y aura plus de fripons.

Mais suffit-il qu'une vérité soit incontestable pour qu'elle soit incontestée ? je ne le crois pas et pour preuve, je vais aller, moi-même, au-devant d'une objection qui peut m'être faite à ce sujet :

En dévoilant les secrets des Grecs, me dira-t-on, ne craignez-vous pas de provoquer chez certains joueurs malheureux le désir de corriger les rigueurs de la fortune ?

Je pourrais me contenter de dire qu'en faisant ces révélations, je me suis appuyé sur une question depuis longtemps jugée par la presse en général et par les chroniqueurs des journaux en particulier. Toutefois, pour répondre plus directement à l'objection que je me suis posée, j'ajouterai que dans mes explications sur les tricheries, si je dis ce qu'il faut pour les bien faire comprendre, je n'en dis pas assez pour les faire exécuter.

Supposons, maintenant, que je n'eusse pas pris cette précaution, qu'en résulterait-il? C'est que pour un individu à moitié perverti qui pourrait avoir l'idée d'utiliser ces coupables principes, des milliers de dupes en prendront note pour s'en garantir.

Mais, si l'on pense que ces révélations peuvent éveiller des instincts pervers, que dira-t-on alors de ces nombreux codes du duel où l'on trouve l'art de tuer son semblable dans les règles. Ne devra-t-on pas craindre aussi que les principes renfermés dans ces ouvrages ne conduisent à de criminelles actions?

J'ai, quant à moi, une excellente opinion des

honnêtes gens et j'espère que la lecture de mon ouvrage ne leur inspirera d'autre pensée que celle de se garantir des manœuvres des fripons.

Chacun alors, en se mettant au jeu, fort des renseignements que je lui aurai fournis, se rappellera pour son profit ce vers de Virgile :

Timeo Danaos et dona ferentes [1].

---

[1] Je crains les Grecs même avec leurs présents.

UNE ANECDOTE

EN GUISE D'INTRODUCTION

Un professeur dangereux.

Quel que soit, cher lecteur, le prix que vous mettiez à la connaissance des tricheries que je vais vous dévoiler, certes vous ne les payerez jamais aussi cher qu'elles m'ont coûté.

Vous comprendrez facilement que je n'ai pu tirer de mon cerveau toutes les ruses et fourberies dont se compose l'art de la *Grecquerie;* j'ai donc dû les recueillir une à une des Grecs eux-mêmes, ou les deviner au besoin.

Mes recherches ont été difficiles et dangereuses; difficiles, parce que les escrocs ne se dessaisissent pas facilement d'une tricherie sur laquelle reposent leurs moyens d'existence; dangereuse, parce que les investigations auprès de telles gens peuvent souvent présenter des dangers sérieux; le fait suivant en donnera la preuve :

Quand je n'étais qu'un prestidigitateur en herbe, j'allais assez souvent, ainsi que je l'ai raconté dans mes *Confidences* [1], chez un fabricant d'instruments d'escamotage, nommé le père Roujol, espérant y rencontrer quelque amateur de magie ou quelque maître en prestidigitation.

Ce brave père Roujol m'avait pris en amitié; il connaissait ma passion pour ce qu'il appelait la physique amusante, et prenait plaisir à me fournir l'occasion d'obtenir des renseignements utiles à cet art.

Il me parla un jour d'un nommé Élias Hausheer qu'il avait rencontré dans un café.

— Cet homme, me dit-il, possède une grande habileté ; mais, à quelques mots qui lui sont échappés,

____

[1] Tome Ier, p 236.

j'ai cru deviner que sa dextérité lui sert moins pour l'agrément du public que pour corriger au jeu les hasards de la fortune.

Que cet artiste fût un Grec ou un prestidigitateur, peu m'importait à moi, il était habile, cela me suffisait ; d'ailleurs, dans l'un comme dans l'autre cas, j'espérais prendre auprès de lui des renseignements qui pouvaient m'être utiles. Je remerciai donc mon vieux mécanicien de la bonne fortune qu'il me procurait et, dès le lendemain, vers les dix heures du matin, je songeai à rendre ma visite à M. Hausheer.

Comme je me disposais à partir, une pensée m'arrêta : je n'étais alors connu que comme mécanicien ; je craignis que ce titre ne suffît pas à mon introduction.

Une idée me vint en aide : j'avais récemment exécuté un petit oiseau mécanique chantant et voltigeant sur une tabatière ; je pensai que cet ouvrage, qui, du reste, était d'un grand prix, parlerait en ma faveur. Je le pris avec moi.

Plus confiant dans la réussite de ma démarche, je me dirigeai vers la rue de l'Écu d'or, où demeurait le personnage en question. Je dis personnage sans aucune pensée d'ironie, car dans ma monomanie pour l'escamotage, mon imagination me représentait M. Hausheer comme ayant une position de fortune et des avantages personnels en rapport avec son extrême habileté.

Je ne connaissais pas la rue de l'Écu d'or: je fus fort surpris, en y arrivant, de son aspect misérable; mais sans m'arrêter à cette première déception, je m'avançai jusqu'au numéro huit indiqué sur la carte.

Une allée étroite sale et humide servait d'entrée à cette maison. J'y pénétrai résolûment.

— Monsieur Hausheer? demandai-je en frappant sur un des carreaux enfumés d'une sorte de boîte vitrée, au-dessus de laquelle était peint le mot PORTIER.

Un homme ayant une barbe grise sous forme d'un pinceau effilé, le tire-pied d'une main, un soulier de l'autre, ouvre un vasistas, et d'une voix fortement accentuée d'allemand:

— Que *flez-fous?* me dit-il.

— M. Hausheer, répétai-je.

— *J'gonnais bas* ça; il n'y a que *tes âlemands* dans *mon méson.*

— Mais, répondis-je, si j'en juge d'après le nom

que je viens de prononcer, la personne que je vous demande doit être allemande; tenez. Et je présentai la carte que je tenais à la main.

L'artiste en chaussures mit ses lunettes, et après avoir lu le nom de son locataire :

— Ah ! M. *Hhhaoushheer*, fit-il en aspirant fortement les *h*, comme pour me donner une leçon de prononciation allemande, *pien, pien ! au tézième, au rond di golitor*, à *côche*.

Ainsi renseigné, je monte au deuxième étage, et, parvenu au fond d'un corridor assez sombre, je frappe à une porte à travers laquelle j'entends un grand bruit.

Une femme dont je ne saurais dire l'âge, en raison de sa mauvaise tenue et de son accoutrement suranné, m'ouvre en entre-bâillant la porte.

— M. Hhhaoushher, dis-je en me souvenant de la leçon de l'homme au tire-pied.

— *Endrez chisqu'au vond*, me dit-elle en m'indiquant une porte vitrée à l'extrémité de la chambre.

Malgré l'odeur nauséabonde qui m'arrive en pleine figure, et le tableau qui s'offre à mes yeux, j'entre aussitôt, décidé à poursuivre jusqu'au bout une aventure qui tournait singulièrement au pittoresque.

Une demi-douzaine d'enfants à moitié vêtus et moins d'à moitié propres, se roulaient dans la chambre en se livrant aux plus bruyants ébats. La place, du reste, ne leur faisait pas faute, car ils composaient à eux seuls tout le mobilier de l'appartement.

J'enjambe par-dessus celui-ci, j'écarte celui-là, et, après avoir ouvert une porte vitrée, je me trouve dans une chambre à coucher.

Je n'entreprendrai pas d'en faire la description; le lecteur doit se figurer, d'après ce qui précède, que ce réduit était loin d'avoir le confort et la propreté d'un logement de petit-maître.

Personne n'est là pour me recevoir.

Je me hasarde à prononcer encore le nom du prestidigitateur que je viens visiter.

Deux rideaux d'alcôve anciennement blancs s'écartent vivement, et, au milieu de l'ouverture qui vient de se faire, paraît une figure osseuse coiffée d'un bonnet de coton jauni par un long usage.

— *Qué flez-vous, cheine* homme[1]? me dit ce fantastique personnage.

— M. Haushecr, répétai-je un peu interdit.

— C'est moi.

Et mon interloculeur me regarda d'un air qui semblait me dire : Après ?

Mes illusions, si poétiques un quart d'heure avant, étaient, on doit le croire, entièrement dissipées. Cet homme ne m'inspirait plus que du dégoût. J'aurais voulu m'en aller sur-le-champ, mais le pouvais-je ? Il me fallait au moins quelques mots pour préparer ma retraite.

— Monsieur, lui dis-je, le père Roujol m'a parlé de vous et de votre habileté en escamotage. J'ai été séduit par le récit qu'il m'en a fait, et je venais causer avec vous d'un art que j'aime avec passion; mais ne vous dérangez pas, je reviendrai une autre fois.

— Non, non, *attentez ein* instant; *che gomprends; fous fenez* pour *prentre tes leçons.*

---

[1] Le mot de jeune homme était probablement une expression familière à Hausheer.

Je ne répondis rien, dans la crainte de m'engager dans une voie dont je ne pouvais prévoir l'issue.

Hausheer prit mon silence pour une affirmation, et, séduit par la perspective d'un bénéfice assuré, il sortit du lit sans façon, mit pied à terre à moitié habillé d'un caleçon et d'un ample gilet de laine, puis, sans se donner la peine de prendre d'autres vêtements, il s'approcha de moi :

— *Foyons, cheine homme*, où en êtes *fous*, me dit-il en me présentant un jeu de cartes.

Loin d'accepter l'invitation qui m'était faite, je réitérai le désir d'abréger ma visite.

Mais mon professeur affriandé n'entendait pas me lâcher ainsi ; j'étais venu pour prendre une leçon ; il tenait à me la donner et n'admettait aucune raison pour que je ne la prisse pas.

Je persistais néanmoins dans ma détermination de fuir au plus vite.

Hausheer jugea sans doute qu'il était nécessaire d'agir de séduction, car il exécuta devant moi, comme échantillon de son savoir-faire, une série de tours de cartes d'une finesse et d'une agilité vraiment merveilleuses.

Dès les premiers moments de cette petite séance, mes appréhensions et mon dégoût étaient, je dois le dire, complétement disparus; l'admiration avait remplacé tout autre sentiment. Je tenais maintenant à rester et je voulais à tout prix des explications.

Ce fut à mon tour de chercher à séduire mon séducteur.

Je sortis la fameuse tabatière, et la présentant à Hausheer, je pressai la détente à son insu.

Mon petit automate sortit aussitôt de sa boîte, chanta, sautilla, battit des ailes, et, ces évolutions une fois terminées, disparut comme par enchantement.

Tant que l'oiseau chanta, mon attention se concentra sur lui, mais lorsqu'il eut terminé, je portai mes regards sur Hausheer pour juger de l'effet que je venais de produire. Je fus saisi de l'expression de convoitise empreinte dans ses yeux. Il me sembla même qu'il regardait furtivement de côté et d'autre comme pour s'assurer s'il pouvait tenter quelque mauvais coup. Sa figure était pâle et ses mains qu'il avançait vers moi, étaient agitées d'un mouvement fébrile.

— Comment trouvez-vous cela? dis-je à mon spectateur.

Hausheer semblait de plus en plus préoccupé : au lieu de me répondre, il se dirigea vers un meuble, l'ouvrit précipitamment et en sortit un objet qu'il cacha sous son vêtement.

— C'est très-*choli*, me dit-il enfin en revenant vers moi; mais, dites-moi, *cheine* homme, il faut que *fous* me le laissiez, *che fous* le ferai *ageter* par *ein* de mes amis.

— Cette pièce n'est pas à vendre, répondis-je ; elle m'a été commandée, et je dois la livrer aujourd'hui même.

— Ça ne fait rien, *che feux* la *mondrer* à mon ami, *che fous* la *rentrai* après.

Je ne répondis pas, mais j'enveloppai la tabatière et je me disposais à la mettre dans ma poche, lorsque Hausheer s'avança brusquement vers moi. Son œil était en feu.

J'eus peur, je l'avoue, et ma frayeur s'accrut encore quand, après m'avoir en quelque sorte acculé dans un coin de la chambre, mon agresseur me dit d'un ton que je n'oublierai de ma vie :

— *Che* la *feux, ententez fous ?*

En même temps, il portait la main droite à l'intérieur de son gilet de laine.

La souplesse de ce mauvais tricot et l'écartement de ses mailles me permirent de voir la main osseuse d'Hausheer se crispant sur un manche que je supposai celui d'un poignard.

Le sentiment de conservation me rendit toute mon énergie ; le danger était imminent ; je me préparai à une défense désespérée.

Je mis vivement la tabatière dans ma poche pour me rendre les mains libres, et je regardai fixement Hausheer pour lire dans ses yeux ses moindres intentions.

Celui-ci hésita un instant, sembla réfléchir, puis, soit que ma contenance lui imposât, soit que l'impossibilité de cacher un crime se présentât à son esprit, soit encore qu'il voulût essayer de la persuasion avant de se livrer à des moyens extrêmes, sa figure changea subitement d'aspect ; ses lèvres violacées se contractèrent comme pour formuler un sourire, tandis que l'ensemble de sa physionomie cherchait à rentrer dans le calme et la bénignité.

—Ah çà ! me dit-il en me frappant familièrement

sur l'épaule, *bourquoi* ne *flez fous* pas me *brêler* la *tapatière?*

— Diable d'homme ! répondis-je avec autant de calme que me le permettaient mes récentes émotions : vous êtes d'une vivacité qui ne laisse pas le temps de s'expliquer.

Hausheer me baragouina quelques mauvaises raisons que j'entendis à peine tant j'étais préoccupé. Je craignais le retour de violences, et pour m'en garantir, je cherchais un plan d'évasion. J'eus le bonheur de le trouver.

— Voyons, dis-je avec une bonhomie que je m'efforcai de rendre naturelle, vous dites donc que vous êtes sûr de me faire vendre cette pièce mécanique.

— *Sertainement, che fous* la ferai *fendre*, répondit Hausheer, c'est très-*sir*, car mon ami *il* est très-*rige.*

— Oh ! alors, si votre ami est si riche, vous pouvez me rendre un grand service, mon cher monsieur !

— Lequel ?

— Je possède une tabatière semblable à celle-ci quant aux effets mécaniques ; mais comme la boîte en est en or ciselé, le prix trop élevé de cette pièce m'empêche de la vendre. Je serais très-heureux si votre ami voulait me l'acheter.

On a raison de dire que le moyen d'être trompé c'est de se croire plus fin que les autres : le rusé matois ne s'aperçut pas du piége que je lui tendais.

— *Ça* lui *confiendra encore mié*, me dit-il, je suis *sir* qu'il l'*ajètera; foyons ! che vas* avec *fous* la *gerger*.

— Volontiers ! habillez-vous, je vais vous attendre... à moins, toutefois, que vous ne préfériez venir ainsi avec moi.

J'accompagnai cette plaisanterie d'un rire provocateur qui n'eut pas d'écho. Hausheer se contenta de m'offrir une chaise, et procéda devant moi à l'achèvement de sa toilette.

Pendant ce temps, je combinais à son intention une mystification vengeresse.

Nous partîmes bientôt.

La rue de l'Écu d'or était située derrière l'hôtel de ville ; j'habitais la rue de Vendôme au Marais ; nous eûmes donc bientôt fait le trajet ; chacun de nous avait des raisons pour hâter sa course.

Je frappe à ma demeure, on m'ouvre, je passe le

premier, et, tenant la porte entre-bâillée, je me retourne vers mon compagnon de route.

— Monsieur Hausheer, lui dis-je d'un ton de tranquillité mêlé d'ironie, j'ai affaire dans cette maison; comme je pense y rester longtemps, je vous prie de ne pas m'attendre.

— Et la *tapatière* au petit *zoiseau?* dit mon Allemand, rouge de dépit.

— Ce sera pour une autre fois, lui répondis-je d'un ton malignement significatif, et je lui poussai brusquement la porte sur le nez.

Prêtant aussitôt l'oreille, j'entendis Hausheer proférer une affreuse série d'imprécations et de jurons, au milieu desquels je distinguai ces mots : j'ai été *pien pête*.

Peu m'importaient ces récriminations, j'étais chez moi, je n'avais plus rien à craindre; j'abandonnai le Grec escamoteur à sa colère et à ses regrets.

Quelques mois plus tard, lisant la *Gazette des tribunaux*, je fus saisi d'y voir le nom d'Élias Hausheer figurer dans une bande d'escrocs de la pire espèce.

La phrase : j'ai été *pien pête*, me revint à l'esprit; j'en compris alors toute la criminelle signification : Hausheer moins *pète*, eût possédé la tabatière à quelque prix que ce fût.

Cette pensée me donna le frisson.

La connaissance du danger que j'avais couru me rendit plus prudent pour l'avenir, mais ne m'empêcha pas de continuer mes recherches : seulement au lieu de me livrer moi-même à ces investigations pas trop compromettantes, je les fis faire par un tiers.

J'eus en quelque sorte un courtier de Grecqueries.

Un jeune homme que l'on m'avait fait connaître et dont la vie, bien qu'assez honnête, se passait dans les estaminets et les tripots, se chargea de me recruter des renseignements.

Chaque fois qu'il m'apportait une nouvelle tricherie, je la lui payais généreusement.

A ces mots, je vois d'ici le lecteur se récrier. Pourquoi, dira-t-il, attacher tant de prix à ces coupables manœuvres? N'est-ce pas le fait d'un fou, ou tout au moins d'un monomane?

Vous avez dit le mot, lecteurs; oui, j'étais mono-

mane, mais je dois vous dire que cette monomanie
sans laquelle je n'aurais jamais réussi, avait un but
que j'appréciais devoir être utile un jour.

Ce but que je me proposais d'atteindre à cette
époque, et dont mille circonstances m'ont toujours
éloigné, c'est (on l'a deviné, je le pense) l'ouvrage
que je présente aujourd'hui sous le titre de. . . .

LES TRICHERIES DES GRECS DÉVOILÉES

LES

TRICHERIES DES GRECS

DÉVOILÉES

I

LES GRECS MODERNES

Après avoir écrit le titre de ce chapitre, il est, je crois, nécessaire d'expliquer au lecteur pourquoi les compatriotes d'Homère et de Platon jouissent d'une réputation si compromettante, et par quelle circonstance le mot de *Grec* est devenu dans notre langage le synonyme d'escroc ou de fripon.

Voici le fait :

Vers la fin du règne de Louis XIV, un certain chevalier, Grec d'origine, nommé Apoulos, fut admis

2

à la cour. Il y réalisa bientôt au jeu des bénéfices si considérables, qu'il finit par éveiller des soupçons sur la nature de sa bonne fortune.

Malgré son étonnante habileté, le chevalier fut pris en flagrant délit de tricherie et condamné pour ce fait à vingt ans de galères.

L'aventure fit grand bruit, et dès lors on donna le nom d'Apoulos ou simplement celui de Grec à tout individu cherchant à corriger la fortune[1].

Un mot de plus dans la langue française est généralement un fait sans importance morale, et cependant n'est-ce pas à l'apparition du nom de Grec que l'on doit un grand nombre d'escrocs qui ne l'eussent pas été sans cela? Se tromperait-on beaucoup si l'on prétendait que tant que ceux qui corrigeaient la fortune furent appelés du titre infamant de fripon, il n'y eut que les gens tarés qui se décidèrent à tricher, et que, dès que les fripons au jeu ne portèrent plus que le nom de Grec, une foule de

---

[1] Cette dernière appellation fut d'autant plus facilement adoptée que les Grecs, on le sait, étaient autrefois renommés par leurs ruses et leur fourberie. A Lacédémone, le vol habilement exécuté était considéré comme une action d'éclat, et même des places d'honneur étaient, dit-on, réservées aux voleurs émérites.

demi-honnêtes gens se laissèrent aller à être fripons? Tant il est vrai que :

Souvent ce sont les noms qui décident des choses.

Mais ce qui contribua plus puissamment encore à augmenter le nombre de ces fourbes aux doigts habiles, ce fut sans contredit l'établissement, à Paris, des jeux publics connus sous le nom d'hôtels de Gèvres et de Soissons.

Jusque-là les Grecs avaient exercé séparément leur industrie ; la plupart n'avaient aucune méthode, et les moyens qu'ils employaient étaient, à quelques exceptions près, aussi grossiers que mal exécutés. En un mot, l'art de la Grecquerie était encore dans l'enfance.

L'ouverture de ces deux hôtels causa une véritable révolution parmi les Grecs : les plus habiles d'entre eux, une fois réunis, s'entendirent ensemble pour créer de nouvelles manœuvres dans la manière de s'approprier adroitement le bien d'autrui.

On inventa, on calcula, on imagina, et de ces coupables élucubrations sortirent bientôt des combinaisons inconnues jusqu'alors.

Le lansquenet, le pharaon, le piquet, le quadrille, jeux favoris de l'époque, furent des mines d'or pour cette société de faiseurs de dupes.

Le jeu de roulette lui-même, qui avait été imaginé dans ces établissements, pour que le public pût jouer en toute sécurité, ne fut pas à l'abri des combinaisons des Grecs.

Un d'entre eux, ancien géomètre, fit faire une roulette où les cases noires étaient plus grandes que les cases blanches, de sorte que la bille dans sa folle excursion avait beaucoup moins de chances d'entrer dans celles-ci que dans les autres [1].

Il avait fallu pour cela s'entendre avec les gar-

---

[1] Aux États-Unis d'Amérique, cette perfidie fut plus tard renouvelée des Grecs d'Europe, et perfectionnée par les banquiers eux-mêmes de ces sortes d'établissements.

Voici comment Robertson décrit dans ses mémoires ce perfectionnement perfide :

« Dans la table de jeu se trouvait cachée une disposition mécanique qui déterminait la boule à entrer, à la volonté du banquier, dans les cases paires ou impaires. Le pair était-il chargé d'or? un petit mouvement sous la table resserrait d'un millimètre tous les pairs et la boule était bien forcée d'entrer là où les portes n'étaient pas fermées. Pendant que ceci se passait, le ponte aux abois piquait des cartes, comptait les rouges et les noires, interrogeait les probabilités. Mais que pouvaient les plus savantes supputations contre un coup de genoux?

çons de l'hôtel ou les corrompre; mais ce n'était pas chose difficile, la plupart étant eux-mêmes des fripons.

Le nombre des Grecs s'accrut tellement dans Paris qu'ils finirent par manquer de dupes.

Cette pénurie ne fut pas de longue durée, les Grecs sachant fort bien que le nombre de dupes est illimité, et qu'elles ne font jamais défaut lorsque l'on prend les faiblesses du cœur humain pour guides, les Grecs, dis-je, organisèrent un service d'émissaires, sorte de courtiers, qu'ils chargèrent de découvrir et d'attirer : 1º les étrangers nouvellement arrivés dans la capitale; 2º les plaideurs sortant de gagner un procès; 3º les joueurs ayant fait un gain considérable; 4º les fils de famille en possession d'un héritage; 5º les commis imprudents, capables de hasarder sur une carte les deniers de leur caisse.

Avec de tels auxiliaires, les Grecs réalisèrent de nouveau des gains énormes; mais leurs manœuvres devinrent si scandaleuses que, sur un rapport de police, Louis XV fit fermer les hôtels de Gèvres et de Soissons, et renouvela les anciennes ordonnances contre les jeux de hasard.

Les Grecs ne se déconcertèrent pas pour cela ; ils ouvrirent des tripots et y jouèrent en cachette.

La police, mise encore sur leur trace, leur fit une guerre acharnée. Des perquisitions réitérées, l'emprisonnement des propriétaires de jeux clandestins, la condamnation d'une foule d'escrocs, effrayèrent les dupes qui, bien que toujours aveuglées, craignirent pour elles-mêmes et n'osèrent plus aller dans ces établissements.

Ainsi traquée, la Grèce se dissémina, courut la province et l'étranger, pour venir de nouveau prendre ses ébats dans la capitale, lorsque l'État, dans un besoin d'argent, institua Frascati et les maisons rivales du Palais-Royal. A la porte de ces établissements, on eût pu mettre cette enseigne : *Ici on trompe de bonne foi ;* car les sommes qu'on y perdait, calculées à l'avance sur des probabil tés infaillibles, produisaient un impôt considérable à l'État et un immense bénéfice au fermier.

Mais le gouvernement ferma les yeux jusqu'au jour où les réclamations publiques lui firent comprendre, enfin, qu'il n'était plus dans nos mœurs d'autoriser le vol organisé.

La roulette, ainsi que ses dépendances, fut donc

de nouveau proscrite, et, avec elle, partit ou du moins sembla partir la bande de filous, pour qui elle était un centre de ralliement.

Nous disons que la bande sembla partir, car si la roulette a été bannie de France, les Grecs n'ont malheureusement pas cessé d'y demeurer.

Mais où les trouve-t-on ?

Les dupes nombreuses qu'ils font le savent bien. Elles ont appris à leur dépens que ces insatiables oiseaux de proie se trouvent invariablement partout où il y a de l'argent engagé sur un tapis.

Mais, me demandera-t-on, comment les reconnaître ?

Là est la difficulté, car ces héros de cour d'assises sont devenus plus habiles que jamais. Forcés de se répandre dans la société, ils ont senti la nécessité de se perfectionner encore dans leur coupable industrie, afin de conjurer les sévères punitions que la loi leur réserve.

Pourtant, si difficile qu'il soit de les reconnaître, nous essayerons de les signaler aux honnêtes gens, sinon par les traits particuliers de leur figure, du moins par quelques indices caractéristiques, et surtout par la révélation des ruses auxquelles ils ont habituellement recours.

Pris collectivement, les Grecs ne présentent aucun type ; il serait difficile d'en esquisser la physionomie, tant l'espèce en est nombreuse et variée. Je crois donc nécessaire, pour les mieux caractériser, de les diviser en trois catégories :

1° LE GREC DU GRAND MONDE ;

2° LE GREC DE LA CLASSE MOYENNE ;

3° LE GREC DU TRIPOT.

A tout seigneur, tout honneur ; commençons par le premier en tête.

II

LE GREC DU GRAND MONDE

Le Grec du grand monde est sans contredit le plus
fin, le plus adroit et le plus habile de son intelligente
espèce ; c'est, on doit le dire, le grand maître dans
l'art de faire des dupes.

Ce Grec est généralement un homme de la meilleure compagnie, dont la tenue et les manières ne
laissent rien à désirer ; s'il ne brille pas par son esprit dans la conversation, c'est que, d'une part, il
ne veut éclipser personne, et que, de l'autre, il le
réserve pour la mise en scène de ses fourberies.

Ce citoyen d'Athènes se passe facilement de talents d'agrément; il en fait peu de cas. Mais en revanche il prise infiniment les qualités utiles à sa profession. Ainsi, par exemple, qu'il le tienne de la nature ou de l'étude, il possède au plus haut degré cette perception délicate et prompte, ce tact exquis, et surtout cette merveilleuse appréciation dont j'ai parlé dans mon ouvrage, *Confidences d'un prestidigitateur*

Lorsqu'il est aux prises avec ses victimes, bien qu'il semble avoir les yeux attachés sur ses propres cartes, on peut le voir diriger un œil furtif afin d'apprécier ce qui se passe autour de lui. Il sait, d'après l'impression produite par le relevé des cartes, ainsi que par leur classement, reconnaître la nature du jeu de chacun de ses adversaires.

Comme physionomiste, le Grec du grand monde rendrait des points au plus habile disciple de Lavater. C'est en vain que l'on s'enveloppe devant lui dans une froide impassibilité : au moindre mouvement des fibres de la face, à la plus imperceptible contraction des traits, il découvre les impressions les plus comprimées de votre âme.

Ces délicates appréciations, si utiles pour ses perfides manœuvres, lui servent également à apprécier le degré de confiance qu'il inspire.

Le Grec du grand monde joue tous les jeux avec une égale perfection. Les théories et probabilités des jeux de hasard, si habilement décrites par Van Tenac, ne sont pour lui que des principes élémentaires qu'il manie avec une rare intelligence.

A ces éminentes *qualités* de l'esprit, le Grec du grand monde joint une connaissance approfondie de la prestidigitation la plus raffinée : ainsi, nul mieux que lui ne sait *faire filer la carte* ou *sauter la coupe*, *enlever* ou *poser des portées*, etc., et ces trois importants principes de la tricherie, il les a élevés à la hauteur du merveilleux.

Favorisé par une excellente vue, il peut, après que des cartes lui ont passé plusieurs fois sous les yeux, reconnaître plusieurs d'entre elles. L'une sera d'une nuance imperceptiblement plus teintée ; une autre aura, à telle ou telle place, un point, une tache, une imperfection quelconque, que la fabrication la plus soignée ne peut éviter, et il en profite pour se rendre la chance favorable.

A défaut de ces marques, le Grec, vu la délicatesse extrême de son toucher, sait encore, lorsqu'il est en main, reconnaître au passage une ou plusieurs cartes qu'il a marquées précédemment d'un léger *morfil*[1]. Une fois connues, il peut se les approprier ou les donner à ses adversaires, selon qu'il le juge favorable à ses intérêts.

Le Grec du grand monde quitte pendant l'été la capitale pour aller prendre les eaux. Dans ce cas, il se dirige volontiers vers cette célèbre et brillante oasis qui, à coup sûr, portera tôt ou tard, le nom de Villa-Benazet, mais que pour le moment on appelle simplement Baden-Baden.

C'est là que, grâce à l'aveuglement ainsi qu'à la richesse de ses adversaires, il réalise des gains considérables, à l'aide desquels il mène l'existence fastueuse d'un nabab.

Le plus grand nombre de ces escrocs de grand monde finissent misérablement; quelques-uns seulement rentrent dans la vie privée et traînent cette existence de remords et de craintes que décrit si bien le spirituel romancier académicien[2] dans son livre *Une fortune mystérieuse*.

---

[1] Voir, pour tous les mots techniques, à la fin de l'ouvrage.
[2] M. Ancelot.

III

LE GREC DE LA CLASSE MOYENNE

Le Grec de la classe moyenne, autrement dit le Grec nomade, parce qu'il est ubiquiste, est le trait d'union qui relie l'escroc du grand monde et celui du tripot. Ce trait est d'une grande étendue, et vient, en quelque sorte, se fondre par des nuances imperceptibles dans les deux extrémités de ce monde de flibustiers.

Le Grec nomade travaille rarement seul; il s'adjoint des compères appelés *Comtois*. Ce sont, le plus souvent, d'autres Grecs dont le talent, la fortune et l'honorabilité sont à la hauteur de ceux de leurs partenaires. Du reste, selon les circonstances et le besoin, ces respectables industriels intervertissent les rôles, et prennent tour à tour l'emploi de *Comtois*.

Ces messieurs ont, en outre de ces compères, des auxiliaires féminins nommés *Amazones*, dont ils font le plus dangereux usage. Ce sont leurs compagnes, leurs associées en tout bien tout déshonneur.

Ces créatures, pour la plupart très-jolies, ont une perversité égalant au moins, sinon dépassant celle de leur seigneur et maître.

Dans les trébuchets dressés aux fils de famille et aux étrangers sous le nom de cercles, les *Amazones* font l'office de *chanterelles*.

Les supercheries de ces dames ne souffrent pas l'analyse et ne peuvent se décrire ici. Il suffit de dire que, ainsi que ces innocentes alouettes qu'un oiseleur attire et aveugle par le miroitement d'une glace, les visiteurs imprudents, une fois fascinés par les séductions de ces sirènes, deviennent une proie facile, et se laissent sottement plumer par les chasseurs de ces lieux.

Le Grec nomade est loin de posséder l'esprit et les bonnes manières de son confrère du grand monde; il n'a pas non plus comme lui cette finesse de tact, cette délicatesse d'exécution, qui rendent la tricherie presque insaisissable. Mais il n'en est pas moins pour cela d'une très-grande habileté dans la conception de ses perfidies, ainsi que dans la manipulation des différents engins de la Grec-querie.

Les cartes, les dez, les dominos sont entre ses mains des instruments fort redoutables.

Tous les jeux, simples ou compliqués, lui sont bons pour exercer sa coupable adresse : que ce soit au whist ou à la bataille, au trictrac ou à pile ou face, il possède des trucs et des supercheries pour faire tourner à son profit les avantages de la partie.

Les dupes de ce Grec sont aussi nombreuses que variées; il les trouve dans tout et partout. Il n'y a rien de sacré pour lui; ses parents les plus proches, ses amis, même les plus intimes, seraient à l'occasion ses premières victimes.

Voici pour exemple un trait qui montrera toute la perfidie de cette classe d'escrocs.

Trois Grecs liés ensemble pour l'exploitation de

leur industrie, s'étaient mis, chacun de son côté, à la recherche des dupes.

L'un d'eux, jeune Italien, surnommé *La Candeur*, peut-être à cause de son astucieuse adresse, vint un jour annoncer à ses collègues qu'il avait découvert un fils de famille nouvellement arrivé dans la capitale.

Ce jeune homme était riche, joueur et prodigue à l'excès, qualités très-appréciées des trois Athéniens.

On sut de plus par l'Italien que le provincial devait se rendre à l'Opéra le soir même.

La société n'eut garde de négliger une aussi belle proie. On forma immédiatement le plan d'attaque, et, quand toutes les combinaisons furent arrêtées, on se sépara en se donnant rendez-vous à l'Académie de musique.

A l'heure convenue, les trois Grecs se trouvèrent réunis au foyer de l'Opéra, et leur bonne fortune voulut qu'ils ne fussent pas longtemps sans y rencontrer le jeune capitaliste.

L'Italien l'ayant abordé lui présenta ses deux camarades sous des noms empruntés à la noblesse.

Cette présentation terminée, on se promena, l'on

causa, et la conversation devint si intéressante que l'on ne se quitta plus de la soirée.

Les trois Grecs se montraient d'une amabilité charmante.

Le fils de famille, enchanté de ses nouvelles connaissances, les invita à souper avec lui au restaurant de la *Maison dorée*.

On doit penser si la proposition fut acceptée avec plaisir.

Le repas fut digne de l'amphitryon : rien ne fut épargné pour traiter convenablement d'aussi aimables convives.

Pour prolonger le plaisir de cette agréable réunion, l'on parla de jeu, et la bouillotte ayant été proposée fut accueillie avec acclamation.

Tandis qu'on dressait les tables, nos trois fripons trouvèrent moyen de se concerter encore et, sur la proposition de *La Candeur*, ils convinrent que pour allécher le provincial et l'amener à de gros enjeux, on le laisserait d'abord gagner jusqu'à concurrence de trois mille francs, après quoi, on le dévaliserait sans quartier.

La partie s'engagea dans des conditions excellentes pour les Grecs : le fils de famille venait de déposer sur la table un portefeuille qui semblait richement rembourré. Il en avait sorti un billet de cinq cents francs dont il s'était cavé.

La fortune, influencée par les trois fripons, favorisa tellement le provincial qu'en peu de temps il se trouva possesseur de la somme qui devait lui servir d'appât.

— Vraiment, messieurs, dit-il en mettant dans son portefeuille les billets qu'il venait de gagner, je suis tellement confus d'une chance aussi prononcée, que je veux la lasser, afin que vous puissiez, au moins, vous rattraper. Voyons! je ne me caverai pas, maintenant, moins de cinquante louis.

Mais ces derniers mots étaient à peine achevés, que le fils de famille, tirant son mouchoir de sa poche, le porta vivement sous son nez : il venait d'être pris d'une hémorragie.

— Pardon, messieurs, dit-il en se levant, je suis à vous à l'instant, je ne vous demande que cinq minutes ; car il est bien rare que cette infirmité, à laquelle je suis sujet, dure davantage. Et il sortit aussitôt, laissant son portefeuille sur la table.

La Candeur, rempli d'un compatissant intérêt,

suivit son nouvel ami pour lui faire donner des soins, ou plutôt, disons le mot, pour se sauver avec lui à toutes jambes..

Car le riche provincial n'était, il faut le dire encore, qu'un escroc parisien, avec lequel *La Candeur* s'était entendu pour voler trois mille francs à ses associés : l'hémorragie et le mouchoir taché de sang étaient le dénoûment de la comédie, dont le premier acte s'était passé au foyer de l'Opéra.

Rentrons maintenant chez le restaurateur ; voyons et écoutons ce qui s'y passe.

— Ah çà ! *La Patoche*, dit à son camarade un des larrons restés auprès du riche portefeuille, le sort nous favorise au delà de nos espérances : admettons que nous ayons gagné les billets du provincial ; payons-nous et quittons la partie.

— Oui, mais, dit l'autre, il y a aussi une carte à payer avant de sortir.

— Mon Dieu ! que tu es simple ! Acquittons la carte ; le portefeuille nous remboursera toujours bien de nos avances.

— Et si nous allions rencontrer le provincial !

— Eh bien ! que pourrait-il dire, puisque nous

allons au-devant de lui pour lui reporter son portefeuille qu'il a oublié sur la table.

— C'est vrai ! Je comprends ; notre homme nous
devrait encore des remerciments. Tu as là une
bonne idée !

Les deux fripons demandent aussitôt la carte, donnent un généreux pourboire aux garçons, et se hâtent de descendre.

Une fois au bas de l'escalier, celui qui tenait le
portefeuille s'arrête.

— Dis donc, *La Patoche*, il me vient encore une
idée : remonte donc dire aux garçons que nous at-
tendons nos deux amis au café *Riche* pour continuer
la partie ; cela nous donnera le temps de nous mettre
en lieu de sûreté avec notre magot.

La Patoche n'a pas plus tôt grimpé quelques
marches à la hâte, que son compagnon se sauve
avec le bienheureux portefeuille.

Or, quel fut le plus volé de ces deux voleurs ?

Le portefeuille était plein de chiffons de papier :
les billets gagnés en avaient été adroitement esca-
motés par le prétendu fils de famille.

Ce trait peut donner une idée du caractère de

l'individu dont je donne ici le type. Si le lecteur
désire en avoir une connaissance plus approfondie,
qu'il continue la lecture de cet ouvrage; après les
différentes escroqueries que je vais signaler, et dans
lesquelles le Grec nomade joue les principaux rôles,
je pense qu'il sera suffisamment édifié sur la perversité de cet escroc.

IV

LE GREC DU TRIPOT

On pourrait dire avec raison que ce Grec de bas
étage est la vulgaire parodie des deux types que je
viens d'esquisser, et s'il m'était permis de faire une
comparaison qui doit, certes, pécher par plus d'un
côté, j'ajouterais que le Grec de tripot est à ses confrères, ce que le chanteur de complaintes est au
virtuose.

Dieu me garde, toutefois, de prétendre qu'on
doive tomber en extase devant les fourberies d'un
fripon quel qu'il soit! mais on peut admettre, sans

être taxé d'exagération, que si l'escroquerie d'un Grec soulève un sentiment de réprobation, cela n'empêche pas qu'on n'en soit fortement étonné.

Quant à moi, je le déclare sincèrement ici : bien que, dans aucun cas, je n'aime à être volé, si fatalement je devais l'être, je préférerais de beaucoup être la dupe d'un Grec habile que celle d'un filou de bas étage.

Sous le rapport de la distinction et de l'élégance, il n'y a aucune comparaison à établir entre le Grec du tripot et ses confrères de haut lieu. Il y a tout lieu de croire qu'il n'en soupçonne même pas l'existence. Les gens de son métier se ressemblent tous : ce sont, pour la plupart, des misérables que la paresse et la débauche ont conduits à demander à l'escroquerie des ressources qu'ils ne savent pas trouver dans un travail honnête.

Leurs ruses sont généralement aussi grossières que les dupes auxquelles elles s'adressent. Ce n'est plus de la prestidigitation, c'est une tricherie qui n'a pas de nom. Leurs adversaires sont, du reste, si faciles à tromper, qu'ils ne sentent pas la nécessité de devenir plus habiles. Et puis, c'est presque toujours en vidant la cinquième ou la sixième bouteille entre

deux que les parties se jouent et que les coups se
font.

Il va sans dire qu'une des qualités essentielles du
Grec de la tabagie, c'est de fumer et de boire indé-
finiment sans en être affecté. Un long usage des spiritueux amène cette insensibilité.

Le Grec de bas étage établit son centre d'exploitation dans les cabinets particuliers des marchands
de vins, dans les tripots de barrière et dans les tabagies des faubourgs.

Les victimes sont le plus souvent des ouvriers
débauchés, des campagnards visitant la capitale, des
remplaçants rejoignant leurs corps, et quelquefois
aussi des petits rentiers en goguette.

Il est rare que ce Grec infime ne s'adjoigne pas
un acolyte pour l'exécution de ses manœuvres. Les
opérations auxquelles il se livre demandent l'assistance d'un compère, car elles ont presque toujours
le caractère des vols à l'américaine. En voici un
exemple entre mille.

Le Grec entre dans un cabaret bien fréquenté, se
place à une table près de laquelle déjà un buveur
est installé. Celui-ci est un compère qu'il feint de
ne point connaître.

Le nouveau venu se fait servir une bouteille de vin, et, tout en la vidant, il cause à haute voix avec son voisin de manière à attirer sur soi l'attention de son entourage. Il affecte la plus grande niaiserie et débite un *boniment* arrangé pour la circonstance.

Le Comtois lui donne la réplique et se moque de lui à la grande satisfaction de l'auditoire.

Chacun s'est insensiblement rapproché et fait galerie autour des deux antagonistes.

Le Grec finit par se fâcher des quolibets que lui lance son vis-à-vis, et lui propose de jouer, à titre de rapprochement, les deux bouteilles qui les séparent.

La proposition est acceptée ; mais le grec joue de malheur ; la partie est bientôt perdue. Il tient si gauchement les cartes qu'il semble les toucher pour la première fois de sa vie. Sa défaite avait été, du reste, facilement prévue.

L'heureux adversaire, satisfait de son triomphe, quitte la table, *fait charlemagne,* et ne tarde pas à sortir du cabaret.

Cependant le larron restant continue la conversation avec l'assistance ; il se plaint de son guignon, et témoigne le plus grand désir de prendre une revanche avec le premier venu.

Les dupes ont été *amorcées* par l'espoir d'un gain facile : c'est à qui acceptera la partie proposée ; on s'attable, on joue, et l'on gagne ainsi qu'on devait l'espérer.

Mais l'escroc, loin de se décourager, tire de sa poche une poignée de pièces de cinq francs qu'il annonce sacrifiées à sa réhabilitation.

Cette déclaration, ainsi que le bruit argentin qui l'accompagne, provoque les plus coupables convoitises. Chacun des habitués de l'estaminet veut avoir sa part d'un butin si facile. On joue, on gagne encore quelques parties, et cette perte organisée par le Grec, lui donne l'occasion d'augmenter son enjeu par les *quitte ou double*.

C'est alors que commence le travail sérieux de notre fripon qui, sans abandonner son rôle de niais, met en usage les ressources d'une grossière prestidigitation ; il gagne, mais avec cette simplicité d'action et une gaucherie si franche, qu'il ne saurait éveiller aucun soupçon. Aux yeux de tous, la chance a tourné et est venue justifier une fois de plus ce dicton de cabaret : qu'il y a un bon Dieu pour les ivrognes.

Le Grec, après avoir considérablement rempli sa bourse aux dépens de celle de ses adversaires, se retire faute de nouveaux combattants, et va partager avec son compère la recette de la représentation de la journée.

Cette scène, dans le vocabulaire des Grecs, s'appelle *faire le paysan*.

Une escroquerie de cette nature serait traduite devant les tribunaux qu'on n'y verrait qu'un seul coupable, deux au plus ; et pourtant n'est-il pas évident pour tout le monde que dans les vols à l'américaine, et particulièrement dans ceux du genre de celui-ci, les dupes sont tout aussi coupables que les fripons qui les exploitent ? Ne voulaient-ils pas profiter de la niaiserie d'un malheureux pour le dévaliser ? ce qui les a empêchés de consommer leur mauvaise action, c'est que, sous cette apparente stupidité, ils ont trouvé plus fin qu'eux.

Si j'écrivais pour les habitués de *Paul Niquet* ou pour les consommateurs des spiritueux du *Père La Rangaine* [1], il serait de toute nécessité que le Grec du tripot servît de héros à cet ouvrage. Mais comme j'ai tout lieu de croire que le plus grand nombre de mes lecteurs n'auront jamais à se défendre des escroqueries de ce type infime, je vais en finir avec lui en publiant seulement encore deux ou trois de ses meilleurs tours.

Nous retrouvons notre Grec à l'une de ces tables d'hôte de barrière à un franc vingt-cinq centimes par tête.

Dans le cours du repas, notre homme, qui ne manque pas d'une certaine jovialité, propose à ses nombreux commensaux plusieurs de ces paris fondés sur des équivoques qui donnent toujours gain de cause à celui qui les propose.

Mais si le Grec fait ces paris, c'est moins pour en

[1] Cabarets renommés des abords de la Halle.

tirer un bénéfice que pour exciter chez les perdants une sorte d'irritation dont il doit plus tard tirer bon parti.

On en est au dessert; notre homme s'armant alors de trois assiettes, s'en sert en guise de gobelets pour escamoter des muscades faites avec de la mie de pain.

Loin de paraître habile, le madré compère affecte une maladresse ridicule.

On rit autour de lui, car ses tours de passe-passe ne font aucune illusion; on en voit comme l'on dit la *ficelle*.

Toutefois le Grec les continue avec une ironique assurance.

— Tenez, messieurs, dit-il, vous voyez que je mets bien cette muscade sous cette assiette; eh bien! je vais l'en faire sortir sans que vous puissiez rien y voir. Je me trompe : le plus malin d'entre vous *n'y verra que du feu.*

Mais tandis que le Grec met la muscade sous l'assiette, il sait, par un mouvement habile, la faire rouler un peu plus loin et tomber à terre.

Feignant de croire que la boule est sous l'assiette,

il cherche à expliquer la beauté du tour qu'il a promis, attendu que pour l'exécuter il n'approchera pas de la table. Et tout en donnant ses explications à l'auditoire, il affecte de tourner le dos à l'endroit même où doit s'accomplir le prestige.

Aussitôt un spectateur, qui a vu tomber la boule, la ramasse à l'insu de l'opérateur, la met ostensiblement dans sa poche, et s'adressant à voix basse à ses voisins :

— Faisons-lui donc une bonne farce,. dit-il, et parions avec lui que la boule n'est déjà plus sous l'assiette. A coup sûr, il tiendra le pari, car il ne s'est pas aperçu de sa maladresse.

On accepte d'autant plus volontiers qu'on n'est pas fâché de mystifier un peu le mystificateur.

Celui-ci, loin de reculer devant la gageure, fixe un enjeu assez élevé et propose même de tenir le pari avec chacun des spectateurs qui voudra le faire.

Sept ou huit antagonistes se présentent, et, au premier rang sont ceux qui ont été dupes des équivoques. On se frotte les mains dans l'espoir d'une bonne petite vengeance. On est si sûr de gagner,

puisque la boule est dans la poche de l'un des parieurs.

Mais, ô piquante déception ! lorsqu'on relève l'assiette, la muscade se trouve dessous.

L'escamoteur a donc gagné son pari.

En même temps que le fin matois avait fait rouler une muscade à terre, il en avait introduit furtivement une autre sous l'assiette.

Le solliciteur des paris était un compère.

Voici encore un des hauts faits de ces héros d'escroquerie.

Il y a quelques années, on voyait aux abords du
Jardin des Plantes, sur la place de la Bastille ou
dans tout autre endroit public où l'on rencontre le
badaud Parisien, on voyait, dis-je, un homme à genoux sur la dalle qu'il avait rappropriée et se livrant
à la tromperie suivante :

Il tenait en main trois cartes, savoir : le sept de
cœur, le roi de pique et l'as de carreau.

Les deux dernières de ces cartes étaient superpo-
sées dans la main droite, et l'autre se plaçait dans

la main gauche, ainsi que l'indique la figure suivante :

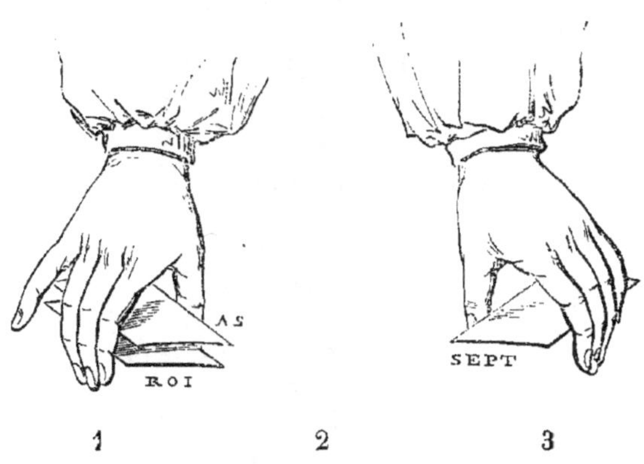

L'escroc, en levant un peu les mains, faisait
d'abord remarquer l'ordre dans lequel ses cartes
étaient placées, puis, les retournant aussitôt, il
jetait successivement sur la dalle, à côté l'une de
l'autre :

Le sept de cœur à la place du chiffre 1,

Le roi de pique au chiffre 2,

Et l'as au chiffre 3.

Ceci terminé, il les faisait plusieurs fois glisser
les unes à la place des autres, afin d'égarer l'œil du
spectateur.

S'adressant ensuite à son assistance, il demandait que l'on devinât où était le Roi de pique.

Le public qui, après avoir vu tomber cette carte de la main droite, l'avait suivie dans ses différentes évolutions, désignait une carte et ne se trompait jamais.

Le Grec simulait alors une vive contrariété de n'avoir pu égarer les spectateurs ; il recommençait ses transpositions, et offrait de parier que cette fois on ne trouverait plus la carte désignée.

Le public riait et n'osait accepter le pari.

Mais un spectateur, plus hardi que les autres, sorte de paysan à l'air niais et candide, interpellait ainsi l'opérateur.

— Pardienne ! disait-il, *c'est ben* malin ce que vous proposez : *j'vous* parie vingt sous que *j'devine ous qu'il* est *vot'* Roi de pique.

Le pari était accepté par le Grec qui, retournant la carte désignée, confessait en la voyant qu'il avait perdu la gageure, et payait l'enjeu.

Les deux champions continuaient leurs paris, et le Grec perdait toujours jusqu'à ce qu'enfin le paysan, satisfait de son gain, se retirait.

Le public, dans ses appréciations tacites, ne s'é-

tait pas plus trompé que l'homme de la campagne ;
aussi, quand celui-ci s'était éloigné, et que le Grec offrait de continuer la gageure, trois ou quatre individus de la galerie, prenant cet homme pour un fou
dont on aurait bon marché, acceptaient la partie.

Mais elles ignoraient, les pauvres dupes, que le
paysan était un compère et que les bénéfices qu'il
avait réalisés étaient des piéges tendus à leur cupi-
dité.

Avec les nouveaux parieurs, le Grec avait une
tout autre tactique : en jetant ses cartes à terre,
il employait une manœuvre qui en changeait complétement la disposition.

Ainsi, il mettait, il est vrai, le Sept de cœur sur
le chiffre 1, mais au lieu de laisser tomber, comme
précédemment, le Roi de pique au chiffre 2, il
lâchait subtilement à sa place la carte de dessus,
(l'As de carreau), et plaçait ensuite le Roi sur le
chiffre 3.

Cette substitution, en raison de sa promptitude,
n'avait pas été vue, de sorte que, lorsqu'après les
mélanges faits on retournait la carte désignée par
les assistants, on n'y trouvait que l'As de carreau.

Ainsi que cela se passe toujours en pareille circonstance, les perdants voulaient prendre leur revanche, et ne se décidaient à quitter la partie que lorsqu'ils étaient complétement dévalisés.

Il arrivait bien quelquefois que des querelles et des rixes même survenaient à la suite de ces escroqueries; mais alors le compére, qui suivait de loin les opérations, venait interposer la puissance de son bras, et dégageait son camarade qui s'esquivait au plus vite.

Cette tricherie ne se fait plus que dans les cabarets, depuis que la police en a défendu l'exhibition sur la place publique.

En Angleterre, des filous, dits *Gamblers,* ont un jeu analogue qu'ils nomment *Thimble game* (le jeu de dés).

Ils ont trois dés à coudre qu'ils mettent sur une table en guise de gobelets d'escamotage.

Ils placent sous l'un d'eux une petite boule; après quoi, ils transposent les dés pour dérouter les spectateurs.

Ainsi que dans la tricherie précédente, le *Gambler* provoque les paris à l'aide d'un compère.

On sait déjà que celui-ci doit toujours gagner sa gageure.

Mais avec le public, c'est tout autre chose, le *Gambler* ne perd jamais, car, en faisant ses transpositions de dés, il s'arrange de manière à faire passer subtilement la petite boule sous un autre dé que celui où il est censé la mettre.

Cette opération est du ressort de la prestidigitation.

D'après ce qui précède, on voit que, bien que les manœuvres du Grec du tripot soient le plus souvent différentes de celles de ses confrères, il ne leur cède en rien pour la ruse et la fourberie.

V

UN GREC PRIS EN FLAGRANT DÉLIT

On se demande comment avec une aussi grande quantité de Grecs répandus dans la société, il y en ait si peu de traduits devant les tribunaux.

Cela s'explique facilement.

D'abord le grec est généralement habile, fin, rusé et circonspect : il est bien rare que, pour ces raisons, ses manœuvres soient découvertes.

Ensuite, en supposant qu'il soit pris en flagrant délit de tricherie, si c'est dans une maison particulière, on se contente de le chasser honteusement en lui faisant restituer ses vols ; si c'est dans un endroit public, ces messieurs de la Grèce savent toujours se ménager quelque moyen de s'esquiver ou de se tirer d'affaire. Voici, pour exemple, un fait dont j'ai été le témoin.

Il y avait autrefois (je parle d'une trentaine d'années) sur la place du Châtelet et sur l'emplacement occupé aujourd'hui par la Chambre des Notaires, un restaurant des plus vastes et des plus renommés.

Au milieu de son immense façade, cet établissement étalait un tableau représentant un sujet tout pastoral : c'était un veau tétant sa mère. Cette allégorie toute primitive indiquait aux estomacs les moins érudits qu'on y était fort bien nourri. En effet, les repas de corps si nombreux qu'ils fussent, les grands et les petits galas de noces ou de souscription, y trouvaient une table parfaitement servie et de vastes salons pour se réjouir.

Ceci posé, comme disent les professeurs de physique, je commence mon récit :

Pendant le carnaval de 1832, quelques personnes de ma connaissance eurent l'idée d'organiser un bal par souscription, et choisirent pour cette fête les fameux salons du *Veau qui Tète*.

Les souscripteurs furent nombreux, et, ainsi que cela arrive souvent en pareille circonstance, la réunion y fut très-mélangée. C'est tout au plus si, sur trois cents personnes, une douzaine pouvaient se reconnaître. Mais, comme on avait d'excellents commissaires, on dansait de confiance.

Qui dit bal, dit aussi salle de jeu. Il y avait, en effet, près du salon où l'on dansait une vaste salle garnie de tables et de joueurs. J'étais parmi ces derniers. J'y étais en joueur raisonnable, car je ne me permettais jamais de confier au hasard des cartes plus d'une petite pièce blanche, jusqu'à ce que la modique somme destinée à ce plaisir fût épuisée ; après quoi je me retirais, sinon avec plaisir au moins avec une philosophique résignation.

Ce soir-là, j'étais en guerre ouverte avec la fortune. En dépit de mes meilleures combinaisons stratégiques, l'inconstante déesse m'avait promptement mis hors de combat. La dernière de mes dix pièces de cent centimes s'était fondue sous le souffle d'un affreux guignon.

En raison de l'allégement de ma bourse, je me trouvais dans d'excellentes conditions physiques pour retourner à la danse ; mais, outre que je n'ai jamais été grand danseur, je craignais, malgré mon apparente philosophie, de laisser percer aux yeux de mes danseuses quelques grains d'un mécontentement mal dissimulé. Car, je dois le dire, dix francs à cette époque tenaient dans ma bourse une large place. Mais à vingt-cinq ans est-on tenu d'être millionnaire?

Donc, au lieu d'aller danser, je me dirigeai vers une table voisine dans la maligne intention de me consoler par le malheur de mon prochain. On est si malin quand on est vexé!

La partie y était très-animée; l'or brillait sur le tapis, et tous les yeux, rivés sur ce précieux métal, semblaient se saturer d'un plaisir anticipé.

On jouait l'écarté.

Le côté où je m'étais arrêté jouait de malheur : quatre parties lui furent enlevées coup sur coup.

J'avais fini par croire que le guignon dont j'étais pénétré rejaillissait sur mon voisinage ; aussi, dans ma stricte impartialité, je résolus de faire une équitable compensation en me transportant du côté adverse.

La main y était tenue par un homme d'une quarantaine d'années environ, dont la figure, ornée d'épaisses moustaches blondes, respirait la franchise et la loyauté. Il portait un habit bleu boutonné jusqu'à la cravate, ce qui lui donnait une apparence toute militaire, et à voir ses manières aisées, sa grâce et son bon ton, on le tenait pour un homme de la meilleure compagnie.

Ce joueur heureux ne manquait jamais, après chaque coup, tout en mêlant et distribuant les cartes, de rappeler les chances qui lui avaient été favorables, comme s'il eût voulu justifier son bonheur.

— Si malheureusement pour moi, disait-il à son adversaire, vous aviez joué carreau au lieu de pique j'étais forcé de couper et vous faisiez le point.

Cette particularité me fit ouvrir les yeux. Je n'ignorais plus alors qu'un des moyens employés par certains Grecs, pour détourner l'attention de leurs manipulations, c'est de discourir sur les coups passés. Il m'avait semblé d'ailleurs voir exécuter certain mouvement qui ne m'était point étranger.

Je fus quelque temps, je l'avoue, tout en prêtant la plus grande attention, à croire que je m'étais trompé dans mes conjectures, tant le jeu me paraissait mené avec la plus parfaite régularité. Toutefois, je ne laissai passer aucun mouvement sans lui faire subir la plus sévère analyse.

Cette ténacité d'observation eut enfin le succès qu'elle méritait. Un faux mouvement, sans doute, me mit sur la voie et bientôt je ne tardai pas à acquérir la certitude que le joueur fortuné n'était autre qu'un *Athénien* de première force.

J'avoue ici qu'une fois en possession de ces manœuvres secrètes, je pris un plaisir extrême à les voir exécuter. Sous le spécieux prétexte de bien constater le fait, je composais avec ma conscience et je me régalais d'un spectacle vraiment intéressant.

Il fallait voir comme mon Grec savait par une élégante adresse, tout en ramassant les cartes, choisir celles qu'il pensait devoir lui être favorables, puis les classer dans le jeu à la faveur d'un mélange des plus naturels, et enfin neutraliser la coupe sous les yeux mêmes d'une galerie vivement intéressée.

Pauvres dupes, comme je les plaignais au fond!

Je revins pourtant à des sentiments plus dignes, et, mettant de côté toute admiration, je me décidai à arrêter les ébats de mon élégant *sauteur de coupe*.

J'allai, en conséquence, signaler le fait à l'un de

nos commissaires nommé Brissard, dont je connaissais l'esprit et l'énergie.

Brissard me suivit, attendit que l'individu que je lui signalais se levât de table (un Grec ne peut pas toujours gagner, ce serait de la dernière imprudence), et, au moment où, après huit passes, il cédait sa place, mon ami s'approcha de lui.

— Monsieur, lui dit-il sans plus de façon, je suis un des commissaires de la fête ; je n'ai pas l'honneur de vous connaître ; je désire savoir sous quel patronage vous avez été introduit dans notre réunion.

— Comment ! mais très-volontiers, monsieur, répondit le Grec avec un sourire plein d'une gracieuse assurance ; j'ai été présenté par mon ami M. *** (il nous cita un nom connu) à l'un de vos collègues, qui a bien voulu m'accueillir favorablement. Maintenant, monsieur, ajouta-t-il, si vous voulez venir avec moi, nous irons trouver mon ami, qui vous répétera ce que je viens d'avancer.

Tenez, je le crois de ce côté.

Devant une telle réponse, Brissard, croyant à une erreur de ma part, était sur le point de faire des excuses ; mais, sur un signe affirmatif qu'il reçut de moi, il se décida à suivre le Grec. Celui-ci marchait devant nous et semblait faire sa recherche avec un grand empressement ; nous avions peine à le suivre au milieu de la foule.

Tout à coup l'habit bleu qui nous sert de point de mire disparaît comme par enchantement. C'est en vain que nous le cherchons dans la salle.

Nous prenons information et l'on nous apprend que notre homme, en passant près de la porte, venait de s'esquiver.

— Une idée ! me dit Brissard en courant vers le vestiaire, je tiens notre homme. Le fugitif était nu-tête ; il n'a pas eu le temps de prendre son chapeau ; l'adresse du chapelier pourra sans doute fournir un indice à la police.

— Madame, dit-il à la préposée, un monsieur à grosses moustaches est-il venu réclamer son chapeau ?

— Non, monsieur

— Cela suffit, dit Brissard, gardez-moi soigneusement le chapeau qui vous restera.

Et il continua sa course vers le concierge.

— Dites-moi, fit-il tout essoufflé, avez-vous vu passer quelqu'un devant votre loge ?

— Oui, monsieur, un grand homme à moustaches.

— C'est bien cela? et il était nu-tête?

— Oui, mais à quelques pas de la loge, il a tiré un chapeau à claque placé entre son habit et son gilet, et s'en est tranquillement coiffé.

— Le gaillard avait pris ses précautions, dit Brissard. Nous sommes volés.

Si j'avais continué à aller dans ces sortes de réunions, j'eusse pu acquérir une certaine habileté pour ce genre de chasse à l'escroquerie ; mais, vers cette époque, survinrent dans mon existence de graves occupations qui me détournèrent de tout plaisir mondain. D'un autre côté, il m'eût répugné de remplir, même en m'amusant, des fonctions qui, bien que très-utiles, n'en passent pas moins pour être indignes d'un caractère délicat.

J'ai tenu à raconter l'anecdote du Grec au chapeau, parce qu'elle sert d'introduction à une série de faits ayant trait à l'escroquerie.

Pour continuer mon récit, reportons-nous à vingt années plus tard.

VI

LE JOUEUR RAYMOND

ET SES PROCÉDÉS INFAILLIBLES

En 1852, à la suite d'une longue série de représentations en Allemagne, je m'arrêtai dans le charmant séjour de Spa, dans le double but d'y donner des séances et d'y prendre quelque repos.

J'étais descendu dans un hôtel dont le nom m'échappe. C'est bien ingrat à moi, car on trouvait dans cette demeure hospitalière des soins délicats ainsi qu'une table excellente, ce qui ne se rencontre pas à toutes les étapes en voyage.

Nos repas étaient généralement très-gais. Cela

tenait à ce que les convives, gens de la meilleure compagnie, étaient tous d'une santé parfaite, et prétendaient n'être venus prendre les eaux que pour se divertir.

J'avais pour voisin de couvert un habitué de la maison qui, disait-on, y prenait ses repas depuis quelques mois.

C'était un vieillard portant une longue barbe blanche, mais si bien fournie, qu'elle lui couvrait presque tout le visage. On ne voyait de sa face que deux pommettes d'une fraîcheur à faire envie à plus d'une coquette : on eût dit deux pommes d'api sur un flocon de neige.

M. Raymond, ainsi s'appelait mon commensal, était bien le convive le plus amusant et le plus aimable que j'aie jamais rencontré. Il possédait au plus haut point l'art d'entretenir la conversation en faisant parler les autres ; c'est-à-dire qu'à moins d'avoir un récit intéressant à nous faire, ce qui lui arrivait assez souvent, il parvenait, par d'habiles et spirituelles transitions, à obtenir de chacun sa cotisation à l'agrément du repas. C'était en un mot le boute-en-train de nos réunions gastronomiques.

M. Raymond, auquel on donnait aussi le nom de

mon voisin Raymond, ou tout simplement celui de mon voisin, semblait jouir d'une certaine aisance. On ignorait le chiffre de sa fortune; mais on lui supposait quelques moyens, car on savait qu'il était un des joueurs assidus de la roulette; or, pour jouer longtemps à ce jeu, il faut être riche. La roulette n'est pas donneuse, c'est là son moindre défaut.

Aux eaux, la passion du jeu n'est pas un vice, c'est une distraction *très-bien portée*. Aussi, mon voisin, malgré ses visites ou plutôt à cause de ses visites au tapis vert, jouissait-il d'une parfaite considération.

M. Raymond avait assisté à mes représentations et semblait y prendre un plaisir extrême. Plusieurs fois il m'avait parlé de mon art dans des termes qui décelaient une connaissance approfondie de l'escamotage en général, et des tours de cartes en particulier. Lorsque nous étions seuls, il se laissait même aller à me montrer avec quelle facilité il faisait sauter la coupe et filer la carte, et je le regardais comme un des amateurs les plus distingués dans ces manœuvres délicates.

Cette communauté de goût, je pourrais dire de

passion, contribua à nous lier assez intimement, et il se passait peu de jours que nous ne fissions ensemble quelque promenade autour de la ville. Nos conversations, on doit le penser, roulaient le plus souvent sur un même sujet. Il nous arrivait bien aussi de parler roulette et trente-et-quarante. Mais sur ce sujet nous étions rarement d'accord, et mon voisin s'exaspérait lorsque je lui disais que j'avais le jeu en horreur, et que lorsque je m'approchais du tapis vert il me semblait assister à une réunion de fous ou tout au moins de maniaques de la pire espèce.

— Des fous, des maniaques ! s'écriait M. Raymond. Mais vous ignorez donc tout ce qu'il faut d'études, de force d'âme et de génie pour lutter contre un mauvais sort? Vous ne savez donc pas que l'art de forcer la chance n'est pas une chimère, et que le privilége de l'esprit est de savoir apprécier la valeur des probabilités?

Un jour, à la suite d'une de ces discussions, un peu plus vive que de coutume, M. Raymond, se sentant sans doute faiblir dans ses arguments en faveur du jeu, se laissa aller à me faire des confidences des plus intéressantes.

— Ah ! vous dites que vous avez horreur du jeu

et que vous ne jouerez jamais. Eh bien! je veux
que dans une heure vous soyez si passionné pour le
jeu que je serai, moi, obligé de vous retenir et de
vous guider.

Comme je faisais un geste de dénégation.

— Veuillez me prêter toute votre attention, ajouta-
t-il; seulement, lorsque vous m'aurez écouté, je vous
demande de me garder le secret sur ce que je vais
vous révéler.

Vous partagez sans doute l'opinion généralement
répandue que M. Raymond jouit d'une fortune assu-
rée. Je suis riche, en effet, puisque je puise mes re-
venus dans une caisse en quelque sorte inépuisable.
Toutefois, je dois vous faire l'aveu que je ne possède
d'autre bien fonds que mon intelligence. En d'autres
termes, je vis des bénéfices que, par d'habiles combinaisons, je parviens à faire à la roulette. Je puis
vous donner la preuve qu'il n'y a pas d'année que
de cette riche capricieuse je ne retire, au bas mot,
une vingtaine de mille livres de rentes. Par quels
moyens? Je vais vous l'apprendre.

Depuis longtemps on se moque de ces joueurs
intelligents qui, peu confiants dans les fantasques

répartitions du sort, cherchent à diriger la fortune à l'aide de combinaisons plus ou moins ingénieuses.

Si le résultat trompe journellement leur attente, faut-il donc en conclure qu'il ne puisse être obtenu ?

J'ai des raisons pour croire le contraire, et j'espère que lorsque vous m'aurez entendu vous partagerez mon opinion sur ce sujet.

Pour l'intelligence de mes explications, je dois d'abord établir cet aphorisme :

Tout jeu de hasard présente deux sortes de chances bien distinctes, savoir : celles qui se rattachent à la personne intéressée, c'est-à-dire au joueur, et celles inhérentes aux combinaisons du jeu.

Les chances du joueur sont représentées par deux agents mystérieux, connus sous les noms de veine et de déveine, ou sous ceux plus caractéristiques de bonheur et de guignon.

Les chances du jeu se nomment probabilités.

La probabilité est le rapport qui existe entre le nombre des causes favorables à un événement, et le nombre total des causes possibles.

Quelques savants ont écrit de bien belles choses sur les probabilités ; mais en raison même de leur multiplicité et de leur profondeur, ces calculs ne sont d'aucune utilité pour le joueur.

Au reste, tous les systèmes de probabilités peuvent être avantageusement remplacés par la théorie suivante :

Si le hasard peut amener au jeu toutes les combinaisons possibles, il y a cependant certaines limites devant lesquelles il semble s'arrêter.

Tel serait, par exemple, le fait d'un numéro sortant une dizaine de fois de suite à la roulette.

Cela pourrait être, mais cela n'est jamais arrivé.

On peut en conclure que dans un jeu de hasard :

Plus une même combinaison s'est reproduite de fois, plus on approche de la certitude qu'elle ne doit pas se renouveler au coup suivant.

C'est la plus élémentaire des théories sur les probabilités : cela se nomme *la maturité des chances.*

D'après ce qui précède, ajouta M. Raymond, vous comprenez que, pour gagner, un joueur doit non-

seulement arriver au jeu dans de bonnes dispositions de veine, mais il ne doit encore risquer son
argent qu'à l'instant prescrit par les règles de la
maturité des chances.

Il me fallait une introduction, je l'ai faite aussi
courte que possible. »

Ici M. Raymond, voulant, sans doute, donner à
mon attention le temps de faire une pause; s'arrêta,
tira lentement son mouchoir de sa poche, se mou-
cha à plusieurs reprises; puis, me croyant suffisam-
mant recueilli, il continua :

— Ma théorie est enfermée dans les préceptes suivants, sous le titre de :

AVIS AUX JOUEURS.

1º Choisissez de préférence le jeu de roulette
parce qu'il présente plusieurs manières d'engager
son argent [1], ce qui permet d'étudier à la fois plusieurs maturités.

---

[1] Pair, impair, passe, manque, rouge, noir et les trente-huit
numéros de la roulette ainsi que les différentes combinaisons de
pose.

2º Un joueur doit se présenter devant le tapis vert avec calme et froideur, tel qu'un commerçant qui se dispose à traiter une affaire. Si la passion s'en mêle, adieu prudence, adieu bonheur, car est-il une position qui donne plus de prise au guignon que celle du joueur passionné? La plus simple des règles d'équilibre vient le prouver. En effet, si l'on admet que la passion du jeu procure des jouissances ineffables ; comme tout bonheur sur terre est compensé par des équivalents de souffrances, il est presque infaillible que le plaisir anticipé de la possession ne soit équilibré chez le joueur par d'amères déceptions.

Tout homme qui prend plaisir au jeu risque de perdre.

3º Le joueur prudent doit, avant de rien entreprendre, se livrer à des épreuves ou à des observations pour savoir dans quelles conditions de veine il se trouve. *Dans le doute il doit s'abstenir.*

4º Il y a des gens que le guignon poursuit sans cesse. A ceux-là je dirai : *ne jouez jamais.*

5º Un joueur expérimenté doit éviter de joindre sa chance aux *enguignonnés* qui toujours perdent.

Rien n'est contagieux comme le guignon. Gardez-vous donc de placer votre mise au même endroit que ces pestiférés.

Par la raison inverse, associez-vous au sort de ceux qui sont en veine.

6° Habituez-vous à poser le dernier; on évite ainsi les influences des retardataires.

7° Choisissez, pour jouer, le moment où les joueurs sont nombreux : les coups sont alors moins rapides et l'on a plus de temps pour les étudier.

8° Ne vous mettez jamais au jeu sans avoir l'esprit parfaitement libre.

Uniquement occupé de la voix du croupier et de votre carte à pointer, isolez-vous au milieu de la foule.

9° Ne jouez jamais une chance avant qu'elle soit arrivée à une grande maturité. Ce système forcera souvent un joueur novice à rester inactif, mais avec la pratique on jouera toujours, car on profitera de toutes les chances attachées aux combinaisons du jeu.

10° Lorsque les prévisions établies sur les chances personnelles ou les probabilités sont déçues, quittez le jeu pour le reprendre dans un moment plus opportun.

L'entêtement au jeu, c'est la ruine.

11° Ne prolongez jamais une séance plus de deux heures ; au delà de ce temps, l'esprit et la chance finissent par se lasser d'être tenus trop longtemps en éveil.

12° Pour rentrer enfin dans le système d'impassibilité dont j'ai parlé déjà, refoulez au fond de votre cœur toutes les émotions que peut causer un gain, quelque considérable qu'il soit. Souvenez-vous que la fortune n'aime pas qu'on se réjouisse des faveurs qu'elle accorde et qu'elle réserve d'amères déceptions aux imprudents que le succès enivre.

J'avais prêté une attention soutenue aux explications de M. Raymond. Son système me sembla très-ingénieux, sinon infaillible, car il ne pouvait entrer dans mon esprit qu'on pût jamais parvenir à forcer le sort. Je voulus toutefois lui montrer que je l'avais parfaitement compris.

— Tous vos préceptes sont très-clairs, lui dis-je avec une apparence de conviction, et peuvent se résumer dans celui-ci : *qu'il faut avant de risquer son argent au jeu, avoir fait une étude approfondie et simultanée de sa propre veine et des différentes probabilités du jeu, dites maturités des chances.*

— C'est cela même. Ce système est tellement sûr, ajouta M. Raymond, que j'en ai fait tout dernièrement une application des plus heureuses.

J'avais reconnu dès le matin que j'étais dans un de ces jours de veine si rares dans la vie d'un joueur. Cette veine, je la sentais si bien, que j'avais instinctivement l'assurance qu'il devait m'arriver quelque chose d'heureux.

En arrivant au jeu, je fis néanmoins quelques essais sur des chances simples de rouge et noir, et le succès vint confirmer mes observations.

Il était prudent de ne pas fatiguer ma veine : aussi je m'arrêtai, et, prenant une carte à pointer, je fis une étude sérieuse sur la maturité des chances pour tenter un grand coup.

Au bout d'une heure seulement d'observation, je

crus l'instant favorable ; je posai dix francs en plein sur le numéro trente-trois.

Je perdis, on pouvait s'y attendre ; mais plein de confiance dans ma veine, plus encore que dans le numéro trente-trois dont la maturité n'était pas encore arrivée à son plus grand écart, je martingalai [1] quatre fois de suite. Au cinquième coup, les probabilités se justifièrent, la bille s'arrêta sur le bienheureux numéro.

Ma martingale de quatre coups avait fait monter ma mise à quatre-vingts francs. Or, cette somme m'ayant été payée, selon les règles du jeu, trente-six fois, je reçus deux mille huit cent quatre-vingts francs.

Un fou n'aurait pas manqué de continuer ; moi, pour ne pas tenter indiscrètement la fortune et pour éviter ainsi de cruels équivalents de perte, je quittai la partie. »

Si intelligent que fût le système de M. Raymond, il ne put cependant parvenir à me donner le désir de risquer la moindre somme à la roulette. J'ai tou-

___

[1] Martingaler, c'est jouer chaque fois ce que l'on a perdu.

jours regardé ce jeu comme une duperie fardée de l'appat d'un gain facile.

En effet, combien de gens ont, ainsi que M. Raymond, établi des systèmes et des théories pour faire sauter la banque, qui n'ont obtenu d'autre résultat que leur ruine et celle des fous qui les écoutaient!

> Et s'il est un joueur qui vive de son gain,
> On en voit tous les jours mille mourir de faim.

Quelques jours après, je quittai Spa pour rentrer en France, et, ainsi que cela se passe entre connaissances de voyage, nous nous quittâmes, M. Raymond et moi, peut-être pour ne plus nous revoir.

Il ne devait pas en être ainsi.

Deux ans plus tard, me trouvant à Bade, sur la promenade de Lichtenthal, un homme que je n'avais pas encore vu, vint se poser soudainement devant moi, et me regarda d'un air qui semblait me dire : Me reconnaissez-vous ?

Cet homme, à en juger par sa mise, ne me parut pas être un des seigneurs de l'endroit. Il portait une redingote brune dont le service était attesté par un luisant des plus chatoyants. Ce vêtement se croisait sur sa poitrine, sans doute pour lui éviter le luxe d'un gilet, ou tout au moins pour garantir son linge d'un contrôle indiscret. Son visage accentué était orné de grosses moustaches blanches assez coquettement peignées, du reste.

— Hein ! comme une barbe de moins change la physionomie d'un homme, dit une voix que je reconnus aussitôt pour être celle du voisin Raymond.

— C'est vrai, répondis-je, tout distrait par un souvenir qui me traversait l'esprit. C'est vrai, vous êtes bien changé.

Et plus je regardais M. Raymond, plus d'anciens souvenirs devenaient clairs à ma pensée. Ces épaisses moustaches, cette apparence militaire, se rattachaient à une circonstance qui m'avait autrefois vivement frappé. Pourtant, je ne pouvais me rappeler le fait.

— Je ne veux pas interrompre plus longtemps votre promenade, dit M. Raymond, qui, blessé sans doute d'une hésitation dont il ignorait la cause, voulut s'éloigner.

Je l'arrêtai.

— Vous ne l'interromprez pas, mon voisin, lui dis-je, nous marcherons ensemble ; seulement nous prendrons un endroit moins fréquenté pour que vous puissiez me raconter plus à l'aise ce qui s'est passé depuis notre séparation.

— Eh ! mon Dieu ! fit en soupirant le pauvre Raymond qui se mit à me suivre, mon récit sera des plus simples ; vous allez en juger :

Quinze jours après votre départ, je suis tombé dans une déveine dont on n'a pas d'exemple. J'ai d'abord, selon mes principes, attendu, pour jouer, une chance meilleure, mais mon affreux guignon se prolongea pendant près de six mois. Je changeai de lieu pour le dépister. Ce fut en vain. Les maturités les mieux établies, les coups les plus sûrs, devinrent pour moi des éléments de désastre et de ruine.

A bout de ressources, je vendis successivement bijoux, linge, vêtements, dont le prix, je l'espérais, devait me sauver d'une catastrophe. Mais j'eus beau mettre au jeu toute la prudence d'un sage et me livrer à des études désespérées sur les probabilités, je n'arrivai qu'à faire de mauvais coups. Bientôt je fus réduit à la plus affreuse misère.

Depuis lors, j'ai mené l'existence la plus problématique qu'on puisse avoir dans ce monde. Trop

fier pour mendier, je me résignai à subir les privations les plus pénibles. J'ignore comment je ne suis
pas mort de faim.

Vous comprenez que j'avais à cœur de n'être pas
reconnu dans une position si malheureuse, moi, le
joueur fortuné, moi, ce voisin Raymond, dont on
admirait jadis le talent heureux. Je redoutais maintenant jusqu'à la pitié de mes admirateurs.

Je quittai cette barbe, type, en quelque sorte, d'une
position fortunée, et, sous ma nouvelle transforma-
tion, je vis ignoré, en attendant un sort meilleur. »

Si fier que semblât M. Raymond, je pensai qu'il
ne pouvait refuser un petit secours. Toutefois, craignant de blesser sa susceptibilité, je lui tendis la
main comme pour serrer la sienne, et j'y laissai
tomber une pièce de vingt francs.

— J'accepte ce que vous m'offrez, me dit-il aussitôt, mais à titre de prêt, entendez-vous? merci, au
revoir!

Sur ce, mon voisin me quitta avec une certaine
précipitation.

Curieux de savoir quel devait être son but, je le
suivis sans qu'il s'en aperçut et je le vis se diriger

vers le gouffre béant de la roulette. Je n'en fus pas surpris : tous les joueurs sont ainsi.

Le soir même Raymond vint au-devant de moi d'un air triomphant.

— Eh bien! me dit-il, on a raison de prétendre que l'argent emprunté porte bonheur. Me voici maintenant en veine. J'ai joué prudemment et par petits coups. Le résultat m'a procuré cent francs de bénéfice. C'est un retour de chance. Permettez-moi donc, tout en vous remerciant, de ne pas vous rendre encore les vingt francs que vous m'avez prêtés, parce qu'ils sont pour moi un talisman avec lequel j'espère me relever.

Mais le lendemain, cruelle déception! le talisman et son entourage devinrent la proie du râteau de l'inflexible croupier.

— Quelques francs de plus, me disait Raymond en me racontant ce sinistre, et je luttais contre la deveine. Car il faut que vous le sachiez, mon système est complétement changé et je suis si sûr de mes nouveaux procédés, qu'avec trois cents francs seulement je ferais *sauter* la banque.

Je vis à ce dernier raisonnement que Raymond

avait perdu sinon la raison, au moins toute espèce
de jugement.

— Vous feriez bien mieux, lui dis-je, de quitter
Bade et de vous livrer à une occupation moins
dangereuse. N'avez-vous jamais eu de profession
que vous puissiez reprendre?

— Hélas! la profession que j'exerçais jadis était
beaucoup plus dangereuse encore que celle-ci. Je
l'ai quittée il y a une vingtaine d'années, et j'ai juré
de ne jamais la reprendre.

Cette explication si courte quelle fût, vint tout à
coup éclairer les vagues souvenirs que la nouvelle
figure de Raymond avait éveillée en moi.

— Attendez donc, lui dis-je en le regardant avec
plus d'attention, oui... c'est bien cela... N'assistiez-
vous pas, il y a une vingtaine d'années, à un bal
donné au restaurant du *l'eau qui tète?*

— C'est vrai, eh bien!

— Vous rappelez-vous y avoir été interpellé à la
suite d'un bonheur par trop facile au jeu d'écarté,
et puis certaine fugue...

— Je me rappelle d'autant plus cette circonstance,
me dit Raymond avec le plus grand calme, que c'est
à la suite de cette scène et de plusieurs autres qui

l'avaient précédée, que me voyant traqué et sur le point d'être découvert, je passai en Allemagne, abandonnant mon dangereux état pour une vie plus tranquille et surtout plus honnête. Je changeai de nom, et sous la barbe épaisse qui me cachait le visage, je fus entièrement méconnaissable. Vous en avez pu juger par vous-même.

Un si facile aveu me donna l'espoir d'obtenir de Raymond quelques détails sur son existence qui, à coup sûr ne pouvaient manquer d'être très-intéressants. J'espérais y trouver des faits utiles à mon futur ouvrage sur la grecquerie.

Je n'hésitai pas à lui en faire la demande, et pour provoquer de telles confidences, je lui offris de lui prêter trois cents francs qu'il me rendrait quand il aurait fait fortune. C'était les luidonner sous une forme détournée.

Raymond accepta ma double proposition, mais il me demanda jusqu'au lendemain pour rappeler ses souvenirs.

VII

HISTOIRE ÉDIFIANTE D'UN GREC

Raymond tint sa promesse, il vint chez moi le jour suivant, et après que j'eus pris mes dispositions pour que personne ne pût nous surprendre, je l'engageai à commencer son récit.

— Mon intention, me dit-il, n'est pas de vous faire l'histoire de ma vie. Je me contenterai de vous parler de mes débuts dans la carrière de la grecquerie et des causes qui m'y ont fatalement conduit. Après quoi, je vous citerai quelques traits piquants dont j'ai été le héros, le complice ou le témoin.

Mon véritable nom, ainsi que celui de ma ville natale, doit peu vous importer ; je les tairai par respect pour un des membres de ma famille qui occupe à Paris un poste des plus honorables. Je serai donc simplement pour vous monsieur Raymond.

J'avais vingt ans, que déjà, assez bien de ma personne et possesseur d'une dizaine de mille livres de rentes, je menais, sans contrôle aucun, car j'étais orphelin, une existence aussi folle que peuvent l'inspirer les passions les plus impatientes et la compagnie la plus dissolue de la capitale.

Deux ans suffirent à peine à l'épuisement total de mon patrimoine, et je me trouvai dans la plus complète misère.

Mes amis me tournèrent le dos, c'est l'usage, et, ce qui est encore d'usage, c'est qu'il me fallait, si misérable que je fusse, trouver, chaque jour, gîte et subsistance. Grande question pour celui qui n'a d'autre profession que l'oisiveté et la débauche.

La pensée du suicide me vint à l'esprit, mais ne s'y arrêta pas. Fut-ce le fait de la résignation ou de la pusillanimité ? je l'ignore, toujours est-il que me décidai à me laisser vivre. »

M. Raymond continua par quelques piquantes
anecdotes, ainsi qu'il les appelait. Historien fidèle,
je vais les transmettre au lecteur. Toutefois, pour
éviter un style qui conviendrait mieux à des mémoires qu'à ce récit, je ferai désormais à mon héros
les honneurs de la troisième personne.

Raymond avait été abandonné de tous ses amis,
avait-il dit, un seul pourtant excepté. Cet ami
fidèle, nommé Brissac, était de son âge ; il avait
été le compagnon de ses débauches, il voulut partager son infortune. On fit bourse commune, c'est-
à-dire qu'on vécut de la même misère.

Brissac avait des ressources d'esprit très-profi-
tables aux deux amis ; chaque jour voyait naître
dans son imagination des combinaisons dignes d'une
plus heureuse existence.

— Eh ! Raymond, fit, un matin, Brissac en réveil-
lant son camarade, une idée ! Dans quelques jours
nous roulerons sur l'or. Il s'agit de deux mille francs,
rien que cela. Mais voici ce qu'il faut faire pour les
avoir :

Je connais, pour l'avoir fréquenté, un vieil usurier nommé Robineau, homme très-fin, très-méfiant,
et surtout d'une friponnerie à faire rougir un échappé

du bagne. C'est lui qui sera notre caissier. Je dois vous l'avouer en toute humilité, mon crédit est complétement épuisé près de lui, je ne puis donc rien solliciter pour mon propre compte ; mais vous, mon ami, vous pourrez très-bien lui demander, pour le moins, une somme de deux mille francs.

— Sans doute, je puis demander, dit Raymond, rien n'est plus facile ; mais pour obtenir, c'est tout autre chose ; il faut, vous le savez, près de ces messieurs les usuriers, des garanties.

— C'est bien mon avis ; aussi lui en offrirez-vous des garanties à cet honnête Robineau.

— Vous voulez rire.

— Non pas ; rien de plus sérieux, au contraire ; écoutez-moi : vous proposerez une lettre de change, et, tout en faisant cette offre au père Robineau, vous le prierez de prendre des informations dans votre ville natale. Comme votre ruine y est encore ignorée, nul doute que notre homme, d'après les renseignements qu'il recevra, ne consente à vous satisfaire. Du reste, ajouta Brissac, comme pour l'acquit de sa conscience, nous trouverons toujours bien un moyen de lui rendre cette somme.

Les choses s'arrangèrent comme Brissac l'avait

prédit : moyennant une lettre de change de deux mille cinq cents francs à un mois de date, renouvelable à la volonté seule du père Robineau, celui-ci remit à Raymond deux billets de banque de mille francs chacun.

Les deux amis, depuis longtemps sevrés de plaisirs, s'en donnèrent à cœur joie. Toutefois, ils mirent une certaine économie dans la répartition de cette somme, de sorte que ce temps de délices put se prolonger une quinzaine de jours. Après quoi, les privations de toute nature reprirent leur cours de plus belle.

On s'adressa de nouveau au père Robineau qui fut inflexible.

— Lorsque l'on aura payé le premier billet, dit-il, cela me donnera de la confiance, et je pourrai prêter une plus forte somme.

L'époque fatale arriva. La lettre de change fut présentée et le payement n'en fut pas effectué. De là, protêt, poursuites, jugement, etc. Bref, le père Robineau mena si promptement les choses que, pour échapper à la prison, Raymond se vit, en peu de temps, réduit à vivre de cette existence ténébreuse qui consiste à ne pouvoir contempler hors

de chez soi les rayons de l'astre bienfaisant du
jour.

Pour comble de malheur, Brissac qui, par des
moyens plus ou moins honnêtes, pourvoyait à l'existence commune, Brissac était menacé de partager
le sort de son camarade. Un billet souscrit par lui
au même père Robineau, était sur le point d'arriver
à son échéance. Mais Brissac, lui, n'était pas homme
à se laisser prendre ; il résolut de s'affranchir par la
trahison et la perfidie.

Il va trouver le père Robineau, lui expose qu'il
est sans aucune ressource, et qu'ainsi il serait oné-
reux pour lui de le faire emprisonner, mais que,
d'un autre côté, son ami est très-solvable. Il lui
offre alors un billet de Raymond d'une valeur de mille
francs en échange du sien, lui promettant en outre
de donner les moyens de faire saisir ce débiteur
invisible.

L'offre est acceptée, et Brissac met immédiatement à exécution son infâme projet.

Il fait accroire à Raymond qu'il a trouvé un autre
usurier plus accommodant qui consent à lui prêter
mille francs contre un billet signé de lui.

Brissac n'est pas plutôt possesseur du billet de

son ami, qu'il court chez le père Robineau l'échanger contre le sien, et revient près de Raymond continuer son œuvre.

— Tout va bien, lui dit-il, à cela près d'une petite formalité à remplir : notre nouveau caissier ne
veut remettre l'argent qu'à vous seul ; venez donc
avec moi pour le satisfaire.

— Oui, mais, objecta Raymond, en route je puis
être rencontré par les recors et saisi par eux.

— J'ai prévu la difficulté. Je viens de faire avancer une voiture dont les stores sont baissés ; nous
n'avons donc rien à craindre.

Raymond plein de confiance se met en route ; les
deux camarades se félicitent de leur bonne fortune,
et rient du tour qu'ils jouent aux gardes du commerce, lorsque tout à coup, sur les injonctions
d'une voix étrangère, le véhicule s'arrête. Puis un
monsieur, d'un ton d'autorité, fait descendre Brissac, et après avoir pris sa place il donne au cocher
l'ordre de conduire à Clichy.

— Adieu, Raymond, lui dit en s'éloignant son
perfide ami ; bon courage ! adieu !

Le voisin Raymond, en racontant ce trait, ne pouvait se défendre d'un mouvement nerveux qui lui faisait crisper les poings.

— Je devrais en vouloir d'autant plus à cet infâme, disait-il, les dents serrées et l'œil en feu, que c'est à mon séjour à Clichy que je dois d'être entré dans une voie de la plus coupable perversité.

Le prisonnier se désola d'abord ainsi que cela arrive en pareille circonstance, puis il réfléchit que sa position n'était pas aussi pénible qu'elle lui avait semblé d'abord ; il se trouvait au moins pour quelque temps à l'abri de l'affreuse misère qui le poursuivait.

Ses compagnons d'infortune étaient loin, du reste, de se désespérer. Chacun semblait prendre très-facilement son mal en patience. On se donnait réciproquement des repas et des fêtes auxquelles assistaient des dames du dehors. Les cartes étaient permises, et, sous des enjeux fictifs, on jouait des sommes très-fortes pour des gens insolvables.

Dès les premiers jours de sa détention, quand chacun se tenait encore sur la réserve avec lui,

Raymond s'était lié avec un nommé Andréas qui lui avait témoigné un compatissant intérêt.

Cet homme, bien qu'il eût une vingtaine d'années plus que lui, devint son confident et son camarade. Raymond lui raconta ses folies de jeunesse, ses égarement set ses malheurs.

De son côté, Andréas lui fit quelques confidences, et de révélations en révélations, il en vint aux secrets les plus compromettants. Il lui avoua qu'il possédait l'art de corriger les caprices du sort ou, comme disait le cardinal Mazarin, de *prendre au jeu ses avantages*,

Andréas lui offrit, de plus, de l'initier à ses coupables manœuvres, et de travailler en commun à l'exploitation des dupes de Sainte-Pélagie.

Raymond, qui avait déjà rompu avec l'honnêteté, ne se trouva pas blessé de ces avances ; il accepta l'association, et travailla avec ardeur à se pénétrer des connaissances de sa nouvelle profession.

Ses progrès furent rapides, car on est peu distrait en prison, et l'on a tout le temps d'y faire de fructueuses études.

Nos deux associés commencèrent alors une croisade contre l'argent de leurs co-détenus. Ils jouèrent si bien et si heureusement, qu'en moins d'une année, ils gagnèrent au delà de ce qui était nécessaire au rachat de leur liberté.

Le père Robineau fut un jour invité à se présenter à Clichy pour affaire importante. Il se douta bien, le fin matois, qu'il s'agissait d'une rançon, aussi prit-il avec lui les pièces utiles à l'élargissement de son débiteur.

Grâce au zèle qu'il déploya, les formalités furent promptement remplies, et Raymond se trouva bientôt sur ce pavé de Paris, si doux pour quiconque de ses habitants ne l'a pas foulé depuis près d'une année.

Andréas avait également recouvré sa liberté. Les deux associés se retrouvèrent et convinrent de ne plus se quitter.

VIII

TRIPOTS CLANDESTINS

GRECS VOLEURS, VOLANTS ET VOLÉS

Avant d'entrer à Sainte-Pélagie, Raymond était complétement isolé dans la capitale. A sa sortie de cet établissement, il en fut tout autrement. Andréas avait des amis qui devinrent les siens, et bon nombre de maisons où il était reçu lui firent le plus gracieux accueil.

Ces amis ne furent pas longtemps à le traiter en frère, on le tutoya même et on le gratifia d'un sobriquet. En raison de sa bonne tenue, peut-être, on lui donna le titre de *marquis*. Andréas s'appelait

Tête d'or, sans doute à cause de la fertilité de son imagination.

Raymond n'avait pas été longtemps à s'apercevoir que la société qu'il fréquentait n'était composée que de chevaliers d'industrie, et que les maisons où il avait été si bien accueilli n'étaient autres que des tripots où l'on dévalisait les imprudents qui s'y laissaient attirer. Comme on lui avait reconnu une certaine adresse dans la manipulation des cartes, on le chargea, de temps à autre, de rôles dont il s'acquitta avec autant de présence d'esprit que de talent. Du reste, dans ces maisons, chacun s'escrimait à merveille, et il n'était pas rare de voir à la même table autant de dupeurs que de dupés.

Les parties étaient montées à participation, c'est-à-dire que chaque Grec était à la *portion*.

Lorsque la soirée était terminée, après que les dupes s'étaient en allées, on mettait sur la table tout ce qui avait été gagné et on partageait par égales parties.

Si les loups ne se mangent pas entre eux, les voleurs peuvent très-bien se voler; cela s'est vu. Cette société en donna une preuve nouvelle.

Il arrivait souvent qu'après une partie où cent

louis, par exemple, avaient été perdus par des dupes,
il ne s'en trouvait guère qu'une soixantaine lorsqu'il
s'agissait de partager.

Chaque joueur convenait bien qu'il devait se trouver plus d'argent, mais personne ne convenait d'a-
voir escroqué celui qui manquait.

On s'observa alors, on se fouilla même (on est
peu susceptible en semblable compagnie), mais on
ne découvrit rien.

On eut enfin l'idée de charger *Tête d'or* de faire
une enquête secrète sur ces abus de confiance.

Andréas, flatté de se voir investi d'une mission
aussi délicate, déploya tout le zèle et l'intelligence
dont il était capable, et il ne tarda pas à signaler
les faux confrères, ainsi que les trucs qu'ils avaient
employés pour tromper la société.

L'un d'eux donnait le mot à son domestique qui,
vers la fin de la soirée, venait réclamer à son maître
soit une clef, soit tout autre objet.

En même temps qu'il satisfaisait à cette demande,
le Grec remettait un rouleau de louis gagnés.

Si la partie était considérable, le domestique, sur
un signe que lui avait fait son maître, revenait rap-

porter la clef et, en la rendant, recevait un second rouleau de louis.

Un autre, plus modeste, s'était ingénié de coller sous la table, à l'aide de petites boulettes de cire, une certaine quantité de pièces, qu'il reprenait ensuite lorsque le compte de répartition était terminé.

Un troisième enfin, sorte d'autruche humaine, avalait des pièces d'or, qu'il rattrapait ensuite à l'aide d'une dose d'émétique.

Ces voleurs en partie double, une fois signalés, furent chassés comme indignes de faire partie d'une société dans laquelle on ne comptait que des gens *d'une probité à toute épreuve.*

Il arrivait bien aussi quelquefois que de fausses pièces d'or furent glissées parmi les autres. Mais l'auteur de cette substitution ne put jamais être découvert. Du reste, l'on ferma les yeux sur ce fait, car ces pièces étaient si bien imitées, que chacun ne se fit aucun scrupule de les passer à ses fournisseurs.

Andréas finit par se lasser d'employer les ressources de son imagination au profit de gens dont l'intelligence était infiniment inférieure à la sienne ;

puis ces tripots ne présentaient pas un champ assez large pour ses exploits. Il lui fallait une plus vaste scène.

En conséquence, il proposa à Raymond de quitter la Société de Lynx (c'était le nom de cette association) pour former, conjointement avec un nommé Chaffard, dit le Prévôt, une société pour l'exploitation des dupes parisiennes et provinciales. Cette association fut constituée sous le titre de la *Société des Philosophes*. Voici quel devait être l'emploi de chaque associé :

Chaffard devait voyager de temps à autre pour la découverte des *coups à faire*. Il avait également pour mission de se mettre en rapport avec les escrocs de province, et de traiter avec eux pour les entreprises dans lesquelles la haute habileté des maîtres serait nécessaire.

Si Chaffard n'était pas aussi habile que ses associés dans la manipulation des cartes, il ne leur cédait en rien pour la ruse et la fourberie. Il possédait en outre une qualité qui, à l'occasion, pouvait fournir *un bon coup de main* à la société.

C'était un bretteur de première force, toujours prêt à chercher dispute aux dupes, alors même qu'il

les dépouillait, de sorte que beaucoup préféraient
se laisser voler plutôt que de se faire tuer par un
fripon. Son langage, en pareille circonstance, était
ceci : « Hé bien! quoi, monsieur? Il n'y a plus qu'à
se couper la gorge ; je suis à vos ordres, » etc., etc.

Si, par hasard, quelqu'un s'avisait de demander
raison de leurs fourberies à l'un ou l'autre de ses
associés, Chaffard intervenait aussitôt, épousait la
querelle de son ami, et trouvait toujours moyen
de se battre à sa place ; car Andréas et Raymond
n'étaient pas braves, et c'est pourquoi ils avaient
jugé prudent de s'adjoindre un spadassin.

A tout dire, Chaffard était le défenseur, le soutien
de l'association.

Le caractère de Raymond, dit *le marquis*, était,
au contraire, doux et pacifique. Ses manières respi-
raient les usages de la meilleure compagnie. Intelligent et adroit, il se chargeait volontiers de l'exploitation des bals de souscription, repas de corps et
autres sociétés mêlées. Et ce qu'il y a de plus étonnant, c'est qu'il parvint également plus tard à se
faire présenter dans les salons de la haute bourgeoi-
sie, qu'il exploita avec autant de prudence que de
talent.

Andréas dit *Tête d'or*, ne manquait pas également d'une certaine distinction. Toutefois, c'étaient les maisons de jeu clandestines qui étaient le théâtre ordinaire de ses exploits.

Là, non-seulement il trouvait des dupes faciles, mais encore, grâce à la profondeur de ses ruses et à son extrême habileté, il parvenait à tromper des Grecs eux-mêmes.

A toutes ses perfides qualités, Andréas joignait encore une présence d'esprit à toute épreuve; il s'en montrait également très-fier. Pour preuve, il avait raconté à Raymond le trait suivant :

A l'époque où il commençait son dangereux état, et qu'il n'y était pas encore suffisamment habile, il s'insinua un jour dans ces cercles clandestins, ouverts aux joueurs passionnés de la capitale.

Il y fut surpris en flagrant délit de tricherie, et, certaines cartes qu'il cherchait à introduire au jeu de lansquenet furent saisies comme pièce de conviction. Déjà l'on se disposait à le livrer à la justice, quand l'un des joueurs fit judicieusement observer que la réunion dans laquelle le délit venait d'être commis, n'étant pas dans des conditions parfaitement légales, on pouvait craindre de fâcheux résultats de cette dénonciation; que d'ailleurs on ne devait attendre que trouble et ennui des témoignages que l'on serait obligé de porter dans cette affaire.

— Ne serait-il pas plus simple, ajouta ce sage opinant, puisque le délit mérite une sévère correction, de satisfaire nous-mêmes à la justice en jetant le fripon par la fenêtre? Une fois dehors, quoi qu'il puisse arriver de son excursion aérienne, il ne s'avisera jamais de faire réviser sa condamnation.

Chacun trouva le conseil très-judicieux, et il fut décidé à l'unanimité qu'on allait incontinent passer à l'exécution de la peine.

Andréas, en entendant prononcer cette sentence, s'était jeté à genoux pour demander grâce; i' implorait à mains jointes la miséricorde de ses juges, en leur faisant observer que le premier étage où l'on se trouvait, était très-élevé en raison de l'entre-sol qui le séparait du rez-de-chaussée.

Ce fut en vain. Un des joueurs qui avait le plus perdu dans cette soirée, insista pour que l'on n'usât d'aucune clémence, il donna encore l'idée de faire rendre au fripon ce qu'il avait volé.

Cette restitution devait être d'autant plus facile à exécuter que, pendant qu'il jouait, Andréas avait constamment tenu près de lui, sur la table, une bourse de soie verte dans laquelle il avait serré son or et celui de ses victimes.

— Je ne demande pas mieux, s'écria Andréas d'un ton à déchirer l'âme, tandis qu'il déposait la bourse de soie sur la table ; mais au moins par grâce, messieurs, laissez-moi la vie.

Pour toute réponse, on ouvrit fenêtres et volets.

Quatre joueurs des plus vigoureux furent désignés pour lancer le coupable à travers l'espace.

Ils s'approchent déjà pour le saisir, quand Andréas, dans une énergique résolution, prenant subitement sa volée, s'élance par-dessus l'appui de la croisée et, en vrai gymnasiarque rètombe debout dans la rue.

Un peu étourdi du coup, il chancèle d'abord ; marche ensuite clopin clopant, puis gagne de vitesse, et disparaît enfin à la stupéfaction de la galerie.

Cette exécution tragi-comique eut un succès de fou rire.

Quand la gaieté se fut un peu calmée, on songea à la répartition des pertes éprouvées dans le cours de la soirée.

Un commissaire répartiteur fut aussitôt nommé

pour recevoir le compte de chacun ; mais comme il devait se trouver également dans la bourse l'argent du voleur, il fut convenu qu'on le remettrait aux pauvres.

On passa ensuite à la distribution des espèces, mais quel ne fut pas l'étonnement général, lorsqu'au lieu de pièces d'or on ne trouva que des jetons !

Andréas, dans la prévision d'une surprise, avait toujours sur lui une caisse en partie double, mais fausse. Il avait eu la présence d'esprit, même dans la position critique où il se trouvait, de subsistuer la bourse fausse à celle qui était pleine de pièces d'or.

Andréas en racontant cette aventure d'une autre époque, se hâtait d'ajouter qu'il n'avait jamais été *pincé* depuis.

IX

TRIPOT CLANDESTIN

Les trois associés travaillèrent d'abord en commun et firent quelques coups heureux dans certains tripots de la capitale. Mais s'étant bientôt aperçu que les dupes y devenaient d'autant plus rares que le nombre de Grecs était plus commun, ils formèrent eux-mêmes une maison clandestine, à la tête de laquelle ils mirent une dame *respectable* de leur connaissance, Mme de Haut Castel, dite *la Pompadour*.

Chaffard fut chargé de recruter des dupes et de les soutirer même au besoin des autres tripots.

L'établissement sembla prospérer pendant quelques temps, puis on s'aperçut un beau jour que les affaires devenaient de plus en plus difficiles. Bon nombre d'habitués, qui avaient été introduits comme dupes, après avoir été étrillés par les maîtres du lieu, prenaient leur revanche sur les nouvelles recrues, et les plumaient avec infiniment d'adresse pour des ingénus.

Andréas soupçonna bien vite la *bonne foi* du Prévôt, et parvint à découvrir que le fin matois, d'accord avec la Pompadour, dont il était devenu l'amant, avait monté une école de haute tricherie, dans laquelle, moyennant un haut prix, il enseignait aux joueurs malheureux et près de leur ruine l'art de corriger la fortune.

Les deux associés, exaspérés de cette félonie, avaient bien l'envie de se fâcher ; mais ils craignaient l'épée de Chaffard ; ils se contentèrent de dissimuler leur mécontentement et de jouer au plus fin avec leur faux frère.

Ils décidèrent de quitter Paris. Prétextant une exploration des villes de bains, pendant la saison d'été, ils laissèrent l'établissement aux soins du *Prévôt*, avec faculté d'en faire, si bon lui semblait, la liquidation.

Tout en voyageant, les deux filous organisèrent des tricheries de la plus subtile perfidie. Ils s'appliquèrent particulièrement à certain truc pratiqué plus ou moins habilement dans la Grèce infidèle, que l'on nomme *le Service*, et qui n'est autre qu'une télégraphie imperceptible.

Voici quels étaient leur mise en scène et leur procédé.

Les deux associés se dirigent vers une ville de bains, lieu qui est ordinairement le point de mire de tous les joueurs plus ou moins honnêtes.

Raymond, dit *le marquis*, est chargé du principal rôle : il arrive le premier, descend au meilleur hôtel et se fait passer pour un riche fils de famille. Il se garde bien de se donner pour un prince russe ou un Anglais, car ces deux qualités ont été tellement exploitées par les Grecs, que, seules, elles éveilleraient des soupçons. On connaît fort bien maintenant le nom des princes russes et celui des riches familles anglaises ; le Grec ne peut donc sans danger faire de nouvelles créations nobiliaires ou prendre des titres de ces deux pays.

A la table d'hôte de son hôtel, Raymond, par la politesse, l'aisance et la simplicité de ses manières, captive les personnes près desquelles il se trouve. Après le repas, il se joint à ses commensaux, se promène avec eux et se rend ensuite au jeu dans leur compagnie.

Si Raymond se décide à jouer, c'est avec beaucoup de réserve et de modération. Il se contente d'observer, c'est-à-dire qu'il prend connaissance de la manière de jouer de ses futures victimes, et ne tente aucun coup avant l'arrivée de son associé.

Celui-ci ne tarde pas à venir ; il choisit l'hôtel le plus éloigné de celui de son complice.

Les deux larrons se rencontrent, mais ils feignent de ne pas se connaître ; ils affectent même des manières et des goûts différents.

Andréas s'approche des tables de jeu avec une certaine indifférence ; parie plutôt par désœuvrement que par goût ; il refuse de tenir les cartes sous le prétexte qu'il connaît à peine le jeu.

Cependant, le moment arrive pour ces messieurs d'exercer leur industrie ; ils sont à une table d'écarté.

Raymond tient les cartes.

Afin d'inspirer de la confiance, il perd d'abord quelques parties et cède la main.

Il la reprend lorsque la partie s'est animée et que les enjeux se sont élevés.

Andréas est avec la partie adverse, mais ses paris sont si modestes que la différence dans le gain de la Société sera encore très-élevé.

Ce rusé compère se tient debout derrière sa victime et en face de son associé ; les mains placées derrière le dos, il paraît porter au jeu un médiocre intérêt. Pourtant, il le suit avec une attention extrême et il se livre au profit de Raymond, au travail délicat de la télégraphie.

Je vais, en quelques mots, essayer de faire comprendre cette tricherie redoutable.

LA TÉLÉGRAPHIE

Bien qu'il y ait trente-deux cartes dans un jeu de piquet, on peut les désigner toutes par douze signaux différents, savoir : huit pour la nature des cartes, et quatre pour les couleurs.

A l'écarté, le nombre des signaux se réduit encore, attendu que l'on se contente de désigner les figures.

Mais, pour faire ces indications, est-il nécessaire, ainsi que l'ont dit certains auteurs, de se livrer à une mimique exagérée, telle que se moucher, tousser, jouer du tambour sur la table, éternuer, etc.

Il faudrait avoir une bien mauvaise opinion du Grec pour le supposer capable de ces naïves évolutions. Certes, un tel vacarme ne manquerait pas d'éveiller l'attention de la galerie et serait bientôt constaté comme une grossière tricherie.

Non, le compatriote d'Homère ne se livre pas à de pareils enfantillages et malheureusement pour les dupes, les signaux qu'il envoie ne sont appréciables que pour son compère.

On peut en juger par l'exemple suivant :

Si le *comtois* regarde :

1° Son associé, il désigne. . . . . Un roi.

2° Le jeu de l'adversaire . . . . Une dame.

3° L'enjeu . . . . Un valet.

4° Le côté opposé. . . . . Un as.

Et dans le même temps qu'il indique la nature

des cartes il fait également connaître leur couleur
par les signes suivants ·

1° La bouche légèrement entr'ouverte . . . . . Cœur.

2° La bouche fermée . . . . Carreau.

3° La lèvre supérieure ramenée légèrement sur la
    lèvre inférieure. . . . . Trèfle.

4° La lèvre inférieure ramenée sur la lèvre supé-
    rieure . . . . Pique.

Ainsi donc, le Grec doit-il annoncer, par exemple,
la dame, le valet et l'as de cœur, il dirige successivement ses regards sur le jeu de l'adversaire,
sur l'enjeu et sur le côté opposé, en conservant toujours la bouche entr'ouverte.

On doit comprendre que la télégraphie peut être
employée à tous les jeux où il y a une galerie.
En effet, rien n'est plus facile, au piquet, que d'indiquer, à l'aide de ces signaux, la couleur dans laquelle
on doit écarter et celle dans laquelle il faut se
garder.

J'ai cru ne devoir donner comme exemple, que

quelques signaux des plus simples et des plus faciles :
je dois ajouter que certains Grecs en ont un assez
grand nombre pour désigner toutes choses et pour
échanger au besoin quelques avis. Cette télégraphie
est tellement imperceptible qu'il est difficile de la
décrire et tout à fait impossible de la constater.

Le Grec qui est en main ne peut pas toujours gagner; aussi après une passe de quatre ou cinq
coups, se retire-t-il du jeu en perdant d'après les
indications fournies par le compère. Il appelle cela
le *coup de retraite*. Dans ce cas, le comtois a eu le
soin de doubler sa mise pour compenser ce sacrifice
volontaire.

Andréas et son associé avaient en outre tout
l'arsenal de tricheries produites par la prestidigitation la plus raffinée. Pour en rendre l'application
plus fructueuse, les deux Grecs faisaient ce qu'ils
appelaient des *coups en duplicata*.

Ainsi, par exemple, s'ils se trouvaient ensemble
à une même table de bouillote ; comme ils étaient
sensés ne pas se connaître, et qu'ils affectaient l'un
envers l'autre la plus froide indifférence, ils pouvaient
impunément exercer en commun leurs fourberies.

Au lieu de tricher pour son propre compte, comme on pourrait le croire, celui qui était en main se donnait toujours de vilaines cartes tandis qu'il gratifiait son associé d'un très-beau jeu.

Souvent même par un excès de ruse, tout en donnant à son compère un brelan de rois, il faisait passer à l'une des deux dupes un brelan de dames. afin de l'engager à relancer et de lui faire augmenter ainsi sa mise.

Comment la prospérité de ces larrons pouvait-elle éveiller des soupçons, lorsqu'il ne leur arrivait jamais de gagner lorsqu'ils tenaient les cartes?

C'était sur Boulogne-sur-Mer qu'Andréas et Raymond s'étaient abattus pour exploiter leurs coupables manœuvres. La société y était riche et joueuse. La moisson fut abondante. Toutefois, elle fut un peu écornée par une participation attribuée à un nommé Achille Chauvignac, escroc de ces parages, qui indiquait les coups à faire.

Ici je me trouve forcé d'ouvrir une parenthèse pour donner une courte explication.

En entendant toujours parler d'énormes bénéfices, le lecteur a dû penser que la plupart des Grecs finissaient par devenir millionnaires, et se transformaient un beau jour en gros capitalistes ou en châtelains.

Il n'en est rien.

Malgré ses nombreux bénéfices, cette classe réprouvée ne fait jamais fortune : on pourrait même assurer que sur cent Grecs, 99 + 1 meurent dans la misère.

Cela s'explique ainsi :

Les recrues de la Grèce infidèle se prennent sans exception parmi les gens que la débauche et la prodigalité ont conduits à la ruine. Or, rien n'est moins propre à faire rentrer dans des habitudes d'ordre et d'économie que la grecquerie.

Tout Grec est débauché, prodigue et fastueux selon ses moyens.

Ces messieurs, loin de proportionner leurs dépenses à leurs gains, escomptent l'avenir et vivent dans un luxe impossible. Ils ont chevaux et maîtresses, et se font un titre du luxe des uns et des autres.

Le Grec, pourrait-on le croire, perd aussi son argent au jeu. Oui, cet homme qui le plus souvent est blasé sur les jouissances du bien-être matériel, a besoin des émotions du jeu, mais du jeu véritable.

Il s'adresse alors à la roulette ou au trente et quarante. A ces jeux, les pontes étant des instruments passifs, le Grec trouve une chambre de justice. La fortune qu'il corrige ailleurs, se venge en reprenant ses droits. Elle use envers lui de sévères représailles.

X

LE COUP DU MÉDECIN

L'itinéraire des deux escrocs devait, au sortir de
Boulogne, les conduire dans le Midi de la France ;
ils en furent détournés par une affaire que Chauvignac leur proposa.

Il s'agissait d'aller enlever quelques billets de
mille francs à un médecin de Saint-Omer, qui avait
pour le jeu une passion irrésistible.

Chauvignac devait donner tous les renseignements
nécessaires à l'entreprise, et n'exigeait qu'un tiers
du bénéfice pour avoir indiqué le coup.

Seulement, comme il était l'ami intime du docteur, il fut convenu qu'il ne paraîtrait pas dans la partie.

Les Grecs travailleurs ne se firent pas longtemps attendre ; quelques jours après, on les vit descendre à l'hôtel d'Angleterre, le meilleur gîte de l'endroit.

Andréas se fit passer pour un riche capitaliste parisien qui, séduit par la beauté du site et la simplicité des mœurs du pays, désirait faire l'acquisition d'un domaine dans les environs. Il était accompagné d'un ami qui devait lui donner conseil dans cette affaire.

On fit quelques excursions, on se renseigna, mais dans toutes les terres que l'on visitait, rien n'était assez important pour le nouvel acquéreur.

A bout de recherches, le millionnaire annonça qu'il allait regagner la capitale, et déjà il se disposait à partir, lorsqu'il tomba subitement malade.

Sur sa demande, le meilleur médecin de la ville, l'ami de Chauvignac, le joueur en question, fut aussitôt appelé.

Le fils d'Esculape, en arrivant près de son nouveau client, s'informa des causes de sa maladie, et de la nature de ses souffrances.

— Hélas ! monsieur, répondit Andréas d'une voix dolente, je ne saurais vous dire ce qui a provoqué l'indisposition qui me cloue aujourd'hui sur ce lit ; mais ce que je sais, c'est que je souffre horriblement de la tête. J'ai malheureusement lieu de craindre, d'après ces préludes, le retour d'une fièvre cérébrale dont j'ai déjà eu quelques atteintes.

— Tranquillisez-vous, répondit le docteur, nous allons tâcher de conjurer le mal en pratiquant une saignée abondante.

— Faites ainsi qu'il vous plaira, dit l'énergique fripon, je m'en rapporte à votre science.

Andréas subit donc la saignée prescrite, après laquelle il déclara se trouver un peu mieux.

— Je reviendrai vous voir demain, dit le docteur en prenant congé du faux malade.

— Oh ! je vous en prie, monsieur, revenez dans la journée, car je sens que j'ai besoin de soins incessants.

Le docteur promit et revint en effet quelques heures plus tard. Il lui tâta le pouls et le trouva encore si élevé, qu'il lui recommanda la diète et le repos le plus absolu.

Une fois le docteur parti, Andréas se débarrassa

d'une ligature qu'il avait mise à son bras pour modifier la pulsation du pouls, et prit un excellent repas en attendant le retour de sa victime.

Quelques jours se passèrent ainsi, pendant lesquels Raymond sembla ne pas quitter le chevet de son ami ; c'était un véritable dévouement de sœur de charité. On avait jugé à propos, dans des circonstances aussi graves, de faire venir deux membres de la famille qui furent présentés au docteur.

Ces deux messieurs, qu'on fit passer pour des neveux du malade, n'étaient autres que des escrocs en location, sorte de comparses venus de Paris à raison de dix francs par jour. Leur rôle consistait à seconder les manœuvres de leur chef d'emploi.

La maladie avorta, ainsi qu'on devait s'y attendre. Andréas sembla, bientôt, entrer dans une favorable convalescence.

Pour tenir compagnie au pauvre alité, ses deux neveux et son ami jouent chaque jour auprès de son lit.

Le jeu s'anime, l'or roule sur le tapis. On est si riche dans cette famille !

— Tenez, docteur, dit un soir Andréas, je crois qu'une petite distraction viendrait hâter ma conva-

lescence. Vous avez la physionomie heureuse ; vou-
driez-vous me faire le plaisir de tenir la main pour
moi à l'écarté ? Je fais dix louis.

Le docteur, autant pour complaire à son client
que pour satisfaire sa passion favorite, s'empressa
de se mettre au jeu.

Sa main fut des plus heureuses ; il passa six fois
de suite, et vint compter soixante louis au conva-
lescent.

— Je suis satisfait, lui dit-il, d'avoir très-heureu-
sement rempli la mission que vous m'aviez confiée;
mais j'ignore si ce résultat a été obtenu par l'influence de votre chance ou de la mienne.

— Eh ! mon Dieu, cher docteur, fit Andréas, il ne
tient qu'à vous de vous en assurer : jouez, si vous
voulez, pour votre propre compte ; je parierai pour
vous. Vous serez ainsi la partie agissante de la veine.

Le docteur ne se le fit pas dire deux fois, il se
remit au jeu et eut encore cette fois un bonheur à
toute épreuve ; en très-peu de temps, il eut cent
louis de bénéfice.

Décidément, c'est vous qui me portez bonheur,
dit Andréas à son partenaire. Mais en voilà assez
pour ce soir ; j'ai besoin de repos. Je demande

pardon à ces messieurs si nous faisons *charlemagne*; demain, si vous le voulez, nous reprendrons la partie, et, grâce à vous, j'espère que nous étrillerons d'importance messieurs mes neveux, pour les guérir de la passion du jeu. Si vous réussissez, docteur, cette cure ne sera pas une des moins belles que vous ayez encore faites.

Moins par philanthropie que par l'appât d'une veine si heureusement commencée, le docteur n'eut garde de manquer au rendez-vous ; il vint le lendemain au soir, à l'heure accoutumée. Les neveux y étaient déjà.

Pour s'acquitter de ses devoirs de médecin, il tâta le pouls de son malade, et, le trouvant dans des conditions parfaites, il se mit à sa disposition pour la partie projetée.

La table se dressa, comme la veille, près du lit du malade et l'on se mit à jouer.

Pour dépouiller plus promptement le pauvre docteur, on lui laissa d'abord gagner quelques louis. Cette perte volontaire, que dans le vocabulaire de la Grèce, on appelle *amorçage*, permet aux escrocs d'augmenter leurs enjeux, afin d'arriver plus vite à leur but véritable.

C'est ce qui arriva dans cette circonstance ; sitôt qu'il n'y eut plus sur le tapis que des billets de banque, la veine tourna tout à coup.

Le docteur, jusqu'alors si favorisé du sort, se vit en butte au guignon le plus affreux, et, lorsque la soirée fut terminée, la perte s'élevait, de son côté, à la somme de trente mille francs chacun.

Il n'y eut, toutefois, qu'une seule victime ; car, ainsi qu'on doit le penser, les pertes d'Andréas, n'étant que pour inspirer de la confiance à sa victime, devaient lui être intégralement remises par ses complices.

On jugea le pauvre docteur suffisamment *saigné*, eu égard à sa modeste fortune ; d'ailleurs, on craignait que si l'on chargeait trop le premier acte de la tragédie, quelque catastrophe de la police ne servît de dénoûment à la pièce. Aussi, dès le lendemain, le malade se trouvant suffisamment rétabli pour se mettre en route, paya ses visites à son malheureux docteur, et quitta la ville au plus vite.

XI

LA BAGUE AU STRAS

A quelque temps de là, les deux Grecs se trouvant à Lyon résolurent d'y prendre des informations sur les cercles de la ville, ainsi que sur la nature des personnes qui les composaient.

On leur signala l'une de ces réunions comme composée de joueurs passionnés, et, parmi les autres détails qu'on leur donna sur les sociétaires, on leur parla d'un nommé Béroli grand amateur de pierres précieuses.

La manie de cet homme était de faire ce qu'il

appelait des bons coups : c'est-à-dire que, vu sa grande connaissance dans les pierres fines, il les achetait souvent bon marché à des personnes qui n'avaient pas, disait-il, son habileté dans ces délicates appréciations.

Ces transactions eussent pu passer pour de l'escroquerie s'il n'était depuis longtemps dans nos mœurs que c'est une action très-licite, sinon honnête, entre vendeurs et acheteurs, de chercher à se tromper. Ne voit-on pas chaque jour des personnes se vanter d'avoir su obtenir d'un commerçant, par des influences trompeuses, une marchandise au prix coûtant, tandis que celui-ci se frotte les mains d'avoir écoulé un objet défectueux dit *loup de magasin?* Il y a même, m'a-t-on dit, dans certaines maisons de commerce des primes accordées à ceux des commis qui font passer ce qu'ils appellent des *rococos* à des acheteurs trop confiants.

Quoi qu'il en soit, la manie de Béroli inspira à *Tête d'or* un coup de la plus perfide fourberie.

Il engagea Raymond à se faufiler dans le cercle de l'amateur, tandis que lui Andréas se rendrait à Paris pour les préparatifs d'une affaire dont il lui réserva le secret après sa complète exécution.

Quinze jours après, grâce à l'aide secrète de Raymond, Andréas revenu de son voyage, fut présenté et accueilli au même cercle que son camarade.

Les deux Grecs étaient censés ne pas se connaître. Ils se livrèrent, chacun de son côté, à un travail particulier.

Raymond rançonna quelques riches propriétaires, tandis que son associé se contentait de faire, chaque soir, quelques innocentes parties d'écarté avec Beroli dont il avait gagné l'amitié.

Dès le premier jour, l'amateur de pierres remarqua une magnifique bague au doigt d'Andréas.

— Quel beau diamant vous avez là, lui dit-il d'un air d'envie.

— En effet, répondit indifféremment Andréas en mêlant cette réponse à l'action de son jeu : atout... carreau... je coupe et pique qui ne vaut rien ; vous faites le point.

Mais Béroli ne quittait pas des yeux la pierre précieuse; son éclat étincelant le fascinait.

Chaque jour c'étaient de nouvelles exclamations auxquelles son adversaire restait insensible.

Enfin un soir Béroli voulant forcer son vis-à-vis à rompre le silence sur la bague.

— Combien avez-vous payé cela, lui dit-il.

— Ah çà! mon cher monsieur, répondit Andréas, parlez-vous sérieusement?

— Très-sérieusement, monsieur.

— Alors je vous dois une explication : si je n'ai pas répondu plus tôt à vos différentes exclamations, c'est que je pensais que vous plaisantiez ; maintenant que je suis assuré du contraire je me vois forcé de vous dire que vous n'êtes guère connaisseur, car le superbe diamant qui vous a tant ébloui n'est autre chose que du stras.

— Comment! comment! du stras? dit d'un air piqué l'amateur de pierres. Vous voulez rire.

— Je parle à mon tour très-sérieusement.

— Ah çà! mais, voyons donc de plus près. Et Béroli prit la main d'Andréas, fixa quelques instants, ses yeux sur la bague, la fit miroiter :

— A d'autres! ajouta-t-il, ce n'est pas à moi que vous viendrez en conter sur ce sujet. Votre pierre est un véritable diamant; c'est moi qui vous le dis.

— Soit! Je le veux bien, fit Andréas avec la plus grande indifférence... Voyons! c'est à vous à faire.

Et les deux joueurs continuèrent leur partie.

Béroli semblait distrait et regardait toujours la bague.

Au bout de quelques instants, n'y pouvant plus tenir :

— Je suis tellement sûr que c'est une pierre fine, dit-il, que si vous voulez me la vendre je vous l'achète.

— Je ne vous la vendrai pas, répondit Andréas.

— Pourquoi cela ?

— Parce que, d'une part, je ne veux pas vous voler, et que, de l'autre, c'est un souvenir de famille dont je ne veux pas me défaire. Je le tiens d'un de mes oncles qui, lui-même, l'avait reçu de son père. Ce bijou est depuis une centaine d'années dans notre famille sous le nom de la *bague au stras*. Je ne la porte que parce qu'on lui attribue une vertu souveraine contre la migraine à laquelle je suis sujet.

— Mais si l'on vous en offrait un bon prix, insista Béroli.

— Vous m'en donneriez quatre fois sa valeur que vous ne l'auriez pas.

— Ce n'est pas quatre fois, dit le tenace amateur,

mais bien deux ou trois cents fois le prix que vous attribuez à cette pierre.

Andréas coupa court encore aux instances du sociétaire en continuant de jouer.

— Carreau, dit-il, et j'ai ce que l'on appelle la fourchette. Je marque le point.

La partie terminée, Béroli, qui tenait à sa réputation de connaisseur en pierreries, revint encore sur la question.

— Je suis tellement sûr de mon fait, dit-il, que je suis toujours prêt à faire un marché avec vous.

— Ah! si j'étais fripon, répondit *Tête d'or*, comme je vous livrerais mon stras pour vous montrer qu'il ne faut pas toujours s'en rapporter à son propre jugement.

— Tenez! fit Béroli, voulez-vous me confier votre bague jusqu'à demain; j'irai, pour l'acquit de ma conscience, la montrer à un joaillier de mes amis.

Andréas accéda à cette demande, remit la bague avec une certaine indifférence et l'on se sépara.

L'amateur courut aussitôt chez son ami et lui présenta le bijou pour qu'il en fît l'estimation.

Celui-ci, après l'avoir regardé avec la plus grande attention, confirma l'opinion de son ami.

— Ce diamant est d'une fort belle eau, dit-il, et je croirais faire un bon marché si je l'achetais douze mille francs.

Le lendemain, Béroli aborda Andréas d'une air triomphant.

— Mon cher monsieur, lui dit-il, je puis vous dire maintenant avec certitude que votre famille est dans l'erreur, depuis cent ans, sur la valeur de cette bague. Le stras en question est un véritable diamant. Je vous en offre six mille francs.

Andréas ne répondit pas. On se mit au jeu. Mais, pendant la partie, l'infatigable Béroli revenait toujours sur le même sujet, et offrait successivement un prix plus élevé pour tenter son adversaire. Il était ainsi arrivé à la somme de neuf mille francs.

Celui-ci se montrait inflexible et se contentait, à chacune de ces offres, de faire un signe de tête négatif.

La soirée était avancée et l'on était sur le point de se séparer, quand Béroli prenant une subite détermination.

— Tenez, dit-il en mettant dix billets de mille francs sur la table, voilà mon dernier mot. Dites oui, c'est un affaire conclue.

— Vous voulez donc absolument être trompé ?

— Oui, j'y tiens, répondit l'amateur d'un ton goguenard, en regardant encore la bague qu'il avait conservée à son doigt pendant la partie.

— Ah ! vous y tenez ; eh bien ! cette bague est à vous ; seulement, permettez que je retire d'un petit chaton placé à l'intérieur, des cheveux de mon digne oncle qui me fait ainsi gagner dix mille francs. J'étais bien loin de compter sur cette bonne fortune. Ce que c'est que d'être connaisseur ! Tenez, voici votre bague, et je vous remercie.

Le jour suivant, de bonne heure, Béroli alla trouver le joaillier son ami.

— Je suis possesseur du fameux diamant, lui dit-il en l'abordant ; tenez, le voilà, regardez comme c'est beau ; mais je vous dirai que j'en aurai, lorsque je voudrai, plus que la somme que vous m'avez offerte.

— Croyez-vous, dit le joaillier en prenant la bague pour en faire une plus juste appréciation... eh mais ! s'écria-t-il, que me présentez-vous là... ce diamant... c'est un stras.

Le tour était joué. Andréas, sous le prétexte de retirer les cheveux de son oncle, avait habilement changé la bague contre une autre identiquement semblable, à cela près que la pierre en était fausse.

La nuit avait suffi pour mettre l'habile escroc à l'abri des réclamations de sa victime.

A quiconque n'a pas connu l'esprit intelligent, opiniâtre et persévérant de Béroli, me disait Raymond en me racontant cette anecdote, il doit sembler que la bague au diamant est à tout jamais perdue pour lui.

Il n'en fut pas ainsi.

Après une aussi cruelle mystification, notre homme, loin de se laisser abattre, se monta l'esprit; il jura de découvrir son adversaire, et d'en obtenir une juste vengeance.

En examinant la fausse bague, Béroli s'assura d'abord que le contrôle de la monnaie y avait été apposé.

L'anneau était donc en or; cette découverte était une faible consolation, sans doute, mais elle l'amena à supposer que le bijou véritable devait également porter cette empreinte.

Si ces deux bagues, se dit-il alors, ont passé sous les yeux du contrôleur, il est impossible que, vu la grosseur de leurs pierres, elles n'aient pas été remarquées par cet employé.

Cette simple réflexion fut le point de départ de ses recherches.

Muni d'une lettre de recommandation de son ami le joaillier, il se rend à Paris, va droit à la Monnaie et présente la bague au contrôleur.

Celui-ci se rappelle parfaitement les deux bijoux qu'on lui signale et donne l'adresse de l'artiste qui les a fabriqués.

Béroli apprend par ce dernier qu'Andréas, son client, demeure rue Cadet, n° 13.

Tout autre que le Lyonnais n'eût pas manqué de livrer Andréas à la police; mais comme le rusé compère tenait moins à satisfaire la justice qu'à rentrer en possession de sa bague, il jugea plus prudent de s'occuper lui-même de cette délicate affaire.

Il va près du concierge de la rue Cadet, et, lui remettant une pièce de vingt francs entre les mains, il lui débite une fable qui doit provoquer des confidences ; il lui expose que la fille d'un de ses amis, habitant la province, est demandée en mariage par M. Andréas, son locataire, qu'il s'adresse à lui pour des renseignements, pensant avec raison n'en pouvoir puiser à meilleure source.

Le concierge, enchanté des manières de son interlocuteur autant que flatté de la confiance qu'il lui accorde, lui apprend, sous le sceau du plus grand secret, que son locataire vit avec une maîtresse et que de plus il passe les nuits hors de la maison.

Béroli en sait assez ; il prend congé du discret *Pipelet* et, dès le soir même, il vient se mettre en vedette à la porte du coureur de nuit.

A dix heures, Andréas sort, en effet, de sa demeure et se dirige vers une maison isolée du haut de la rue Pigale.

Béroli l'a suivi, il le voit entrer et voit également pénétrer après lui, dans la même maison, une vingtaine d'hommes de tous âges.

Caché dans l'embrasure d'une porte voisine il se livre à ses observations. Il remarque qu'à chaque fois que la sonnette est agitée, la porte est ouverte par un domestique muni d'un flambeau, et qu'avant l'entrée du nouveau venu il y a une sorte de reconnaissance de son individualité.

Cette réunion d'hommes, ces entrées mystérieuses, l'absence d'un concierge, etc., tout cela induit Béroli à penser que cette maison pouvait bien être le siége d'un tripot clandestin. Ce qui le confirme dans cette opinion, c'est que, bien qu'aux deux étages de la maison il y ait quatre croisées, aucune d'elles n'est éclairée ; on croirait ce lieu inhabité.

L'habile explorateur veut toutefois en avoir une preuve plus convaincante encore ; dans ce but il se décide à attendre au même endroit la fin de la soirée ; pendant ce temps il combine un plan d'attaque de la plus profonde adresse.

A quatre heures du matin la porte s'ouvre : un individu après avoir à plusieurs reprises regardé dans la rue en sort mystérieusement.

Béroli se présente subitement devant lui :

— Monsieur, lui dit-il vivement pour ne pas lui donner le temps de la réflexion, tout le monde est-il sorti d'ici ?

— Pourquoi cela, dit l'inconnu !

— Parce que la police est près de cette maison et se dispose à la cerner ; je venais en donner l'avis à un de mes camarades qui doit y avoir passé la nuit.

— Merci, l'ami, dit l'inconnu en prenant sa course.

— Si cet homme, pensa Béroli, n'était qu'une dupe, il n'aurait rien à craindre puisqu'il est sorti du tripot. Son empressement à se sauver prouve qu'il craint l'œil de la police. Ce doit donc être un escroc.

Fort de cette judicieuse observation, le Lyonnais le suit de loin, et, lorsqu'il le vit ralentir le pas, il gagne lui-même de vitesse pour le rejoindre.

— Pardon, monsieur, lui dit-il de vous avoir fait faire une promenade au pas de course. Je voulais, par cette fausse nouvelle, m'assurer que vous étiez des nôtres et j'ai réussi.

— Veuillez vous expliquer, monsieur, car je ne vous comprends pas.

— Je vais me faire comprendre en vous disant que je suis un confrère d'Andréas.

— Où voulez-vous en venir ?

— A vous faire une proposition; voulez-vous gagner facilement deux mille francs ?

— Expliquez-vous.

— Puisque vous connaissez Andréas...

— Permettez, je ne suis pas convenu de cela.

— Puisque vous le connaissez, je vous dirai que ce fripon m'a joué un tour indigne.

— Il en est bien capable, dit à demi-voix l'inconnu.

— Et que je veux en tirer vengeance ; c'est pour cela que je vous demande votre assistance.

— Qu'y a-t-il à faire ?

— Presque rien ; il s'agit d'amener Andréas dans une maison que je vous indiquerai, sous le prétexte que vous voulez l'introduire dans un cercle où il y a quelques dupes faciles à tromper ; je fais mon affaire du reste.

— C'est conclu, dit l'inconnu ; où et quand ?

— Demain, rue Meslay, n° 22, au deuxième.

Le lendemain, au matin, le nouvel associé alla trouver Andréas et lui fit sa perfide proposition. Celui-ci, confiant dans un confrère et croyant faire un excellent *coup*, accepta d'autant plus volontiers que les affaires étaient devenues assez difficiles au cercle de la rue Pigale.

Dès le soir même, les deux Grecs sonnaient à l'appartement de la rue Meslay. Un domestique en livrée les ayant fait entrer, leur ouvrit les portes d'un salon parfaitement éclairé.

Andréas, sans aucune défiance, passa le premier, mais il ne fut pas plutôt entré dans cette chambre que son compagnon, ainsi qu'il en avait reçu l'instruction, resta en arrière et ferma vivement la porte à double tour.

Dans le même temps, Béroli, en compagnie de deux forts gaillards sortait d'une chambre voisine et se présentait devant lui.

— Vous me reconnaissez, sans doute, lui dit-il d'une voix ferme et sévère ; vous devez comprendre alors quelle est la question qui va s'agiter ici.

— Que voulez-vous dire, monsieur, s'écria Andréas en feignant la plus grande indignation. Et d'abord, répondez vous-même : quelle est la nature du guet-apens où vous m'avez amené ?... Suis-je au milieu d'assassins ou de chauffeurs ?

— Ne parlons pas si haut, monsieur, répliqua Béroli, car vous pourriez vous en repentir. Le guet-apens dont vous vous plaignez n'est qu'une indulgente démarche de conciliation.

— Que parlez-vous d'indulgence, reprit Andréas, et qu'avez-vous à me reprocher ? Vous m'avez offert dix mille francs d'une bague et j'ai accepté votre offre. Ne vous ai-je pas livré ce bijou ?

— Oui, monsieur ; mais ce que vous omettez de dire, c'est que la pierre que vous m'avez livrée était fausse.

— Eh, mon Dieu ! monsieur, répondit tranquillement Andréas, je suis loin de le nier. Je vous l'ai même assez répété pour que vous puissiez vous en souvenir. D'ailleurs, ne m'avez-vous pas dit, en me livrant les dix mille francs, que vous saviez bien que la pierre était fausse, mais que vous teniez à en faire l'acquisition.

— Ne jouons pas sur les mots, monsieur, et venons au fait : vous allez me rendre la bague que vous m'avez escroquée.

— Pour éviter toute insistance de votre part, je vous dirai, monsieur, que je n'ai jamais eu d'autre bague que celle que je vous ai livrée.

— S'il en est ainsi, vous n'hésiterez pas alors à copier ce brouillon et à l'envoyer à votre maîtresse.

— Voyons ce dont il s'agit, fit Andréas en prenant le papier; il lut ce qui suit :

« Ma chère amie,

» J'ai un beau *coup* à faire dans la maison où je me trouve ; j'ai besoin pour cela de ma bague au diamant. Apporte-la-moi toi-même à l'adresse ci-dessous et ne te confie à personne. Le porteur de ce billet te remettra mes clefs. A onze heures précises, je serai à la porte pour te recevoir. Prends une voiture pour être exacte.

» ANDRÉAS,
» Rue Meslay, 22. »

— Jamais je n'écrirai cela, s'écria Andréas.

— Je ne vous prierai pas longtemps, dit Béroli : voulez-vous, oui ou non ?

— Non, mille fois non !

— Baptiste, aller chercher le commissaire de police, dit Béroli en s'adressant à l'homme qui était à sa droite. Courez et ne revenez pas sans lui.

— Un instant ! un instant ! fit Andréas en faisant signe au commissionnaire de s'arrêter, voyons !

il y a peut-être moyen de s'arranger. Combien voulez-vous pour terminer l'affaire?

— Pas de transaction; je ne veux rien autre chose que la copie de cette lettre.

Soit qu'Andréas pensât qu'il lui serait facile de s'esquiver en descendant pour prendre la bague des mains de sa maîtresse, soit toute autre cause, il s'assit à une table sur laquelle on avait préparé tout ce qu'il fallait pour écrire, et sous l'inspection sévère de Béroli, il copia littéralement la missive.

Deux heures après, Andréas était libre, Béroli tenait en main la fameuse bague. Voici ce qui s'était passé :

La maîtresse d'Andréas s'était empressée de monter en voiture pour lui apporter le précieux bijou; mais on n'eut pas plutôt arrêté devant la maison indiquée, qu'un commissaire de police revêtu de son écharpe et accompagné d'un sergent de ville, était monté dans la voiture en disant au cocher : rue de Jérusalem, à la préfecture de police.

En route, le magistrat expliqua à la belle messagère, qu'ayant été délégué par le préfet de police pour cerner le tripot où était Andréas, il avait fait arrêter un homme porteur d'une lettre, et qu'après lecture faite de son contenu, on avait remplacé le messager par un homme de la police.

— On a fait main basse sur tout le personnel de cette maison, ajouta le magistrat, et je me trouve dans la nécessité, madame, vu votre participation à une escroquerie, de vous conduire au dépôt. Permettez, en outre, que je me saisisse de cette pièce de conviction, de crainte que vous ne veniez à la faire disparaître; et l'homme de la loi sortit du doigt de la jeune femme, la bague au diamant, non sans quelle opposât quelque résistance.

On arriva bientôt à la rue de Jérusalem; minuit venait de sonner à l'horloge du palais; la nuit était sombre.

— Nous allons nous faire ouvrir la porte par le concierge, dit le commissaire au sergent de ville, en même temps qu'ils descendaient de voiture et refermaient la portière avec précaution..

Deux minutes s'étaient à peine écoulées depuis

la sortie de la force publique, qu'une voix retentit dans la rue.

— Vous ne pouvez stationner devant cette porte, dit le factionnaire au cocher.

— C'est vrai, répondit celui-ci ; mais je n'ai pas d'ordres. Madame, ajouta-t-il en baissant une glace de la voiture, où faut-il vous conduire ?

— Où me conduire... mais...... rue Cadet, ou vous m'avez prise, dit la jeune femme d'une voix tremblante.

— Allons, *la Grise*, dit le cocher en fouettant ses chevaux, en route ; c'est ma dernière course...

Si le lecteur ne l'a pas déjà deviné, je lui dirai que le commissaire de police et son agent, étaient deux acteurs d'une comédie montée par Béroli ; que ces deux messieurs, au lieu de s'adresser au concierge de la Préfecture, s'étaient, à la faveur de l'obscurité, esquivés vers la droite du bâtiment, reportant, au plus vite, la précieuse bague à l'intelligent Lyonnais.

XII

UN INFAME GUET-APENS

Le centre des opérations de la société des *Philosophes* se tenait plus généralement dans le Pas-de-Calais, par cette raison qu'ils y étaient souvent appelés par cet Achille Chauvignac qui, déjà, on s'en souvient, avait procuré l'affaire de Saint-Omer.

Chauvignac était d'autant plus infatigable dans ce genre d'affaires que, sans se donner de peine et sans courir le moindre danger, il percevait de très-fortes participations pour ses perfides indications.

Ses amis, même les plus intimes, étaient ceux qu'il choisissait de préférence pour ses victimes. Il en tenait note comme d'une marchandise. Chaque joueur était coté selon le chiffre de sa fortune, et aussi selon sa disposition à se laisser plumer sans crier.

Ainsi M. B... valait trois mille francs, M. P... en valait six mille, M. C... ne valait pas grand'chose, parce qu'il était mauvais joueur; on l'estimait toutefois un billet de mille francs. Mais la meilleure comme la plus riche dupe parmi ces joueurs effrénés était M. F... que l'on estimait de quinze à vingt mille francs.

Andréas et Raymond exploitèrent les cercles de Calais et de Boulogne, mais ils n'osèrent pas se risquer à celui de Saint-Omer ; ils craignaient d'être reconnus. Ils y envoyèrent à leur place deux habiles escrocs originaires de la Vénétie, dont les États furent autrefois, dit-on, le berceau de la grecquerie.

La Société des philosophes ne s'en serait, certes, pas rapportée à ses deux représentants sur le taux de leurs bénéfices, s'ils n'eussent été sous la surveillance immédiate de Chauvignac. Ce rusé fripon, outre ses propres observations, avait organisé à l'égard de ses deux Grecs, un moyen de contrôle assez singulier :

Il s'adressait, par exemple, en particulier à l'un d'eux :

— Je n'ai pas, disait-il, une grande confiance dans votre ami ; je crains bien qu'il ne trompe la société ; prenez donc note de ses bénéfices et surveillez-le ; vous aurez pour ce service une gratification.

Il s'en allait, après cela, en dire autant à l'autre, si bien que sans s'en douter chaque Grec était contrôlé par son camarade.

La moisson du cercle de Saint-Omer fut très-fructueuse, mais la plus grande part en revint à Chauvignac, qui ne mit pas une grande conscience dans la répartition des sommes qui lui furent confiées ; on devait s'y attendre.

Soit qu'à la suite de cette affaire il y eût eu quelque indiscrétion de la part des philosophes, soit pour toute autre cause, le crédit de Chauvignac commençait à baisser dans la société artésienne ; chacun s'étonnait de le voir dépenser des sommes considérables, lui, qui ne possédait rien ; et d'ailleurs ses fréquents voyages à Paris sans causes probables, ses liaisons avec des gens dont la probité n'était pas entièrement pure, tout cela faisait que les honnêtes gens se tenaient près de lui sur la réserve.

Chauvignac avait autant d'esprit que de friponnerie ; l'une de ces qualités n'exclut pas l'autre, et la preuve c'est qu'un fripon est rarement bête. Chauvignac donc, qui avait de l'esprit, comprit sa position, et comme le discrédit dans lequel il était tombé pouvait être très-préjudiciable à ses intérêts, il chercha les moyens de se réhabiliter.

Parmi les jeunes fous qui partageaient les déréglements de sa vie dissipée, il s'était formé un petit cercle, au milieu duquel brillait par ses excentricités et son élégance un jeune homme portant le nom d'Olivier de X...

La famille de cet étourdi était l'une des plus anciennes et des plus respectables du pays et jouissait à juste titre d'une haute considération.

Chauvignac tourna ses vues vers l'héritier de cette maison pour recouvrer quelqu'estime dans l'esprit de ses concitoyens.

Il affectait alors avec lui, dans les endroits publics, la plus grande intimité et chaque fois qu'il lui adressait la parole il élevait la voix pour qu'on entendît qu'il le tutoyait.

Il arriva de cette intimité tout le contraire de ce que Chauvignac en attendait : des deux amis, l'un perdit de la considération, l'autre n'en gagna pas.

Chauvignac ne fut pas longtemps à s'apercevoir de ce mécompte, et s'il s'en consola, c'est que, selon son habitude, il songea à utiliser d'une autre manière le crédit de son jeune ami.

La famille d'Olivier n'était pas riche et ne pouvait faire beaucoup pour son fils ; aussi, vu son extrême prodigalité, le jeune homme se trouvait-il dans la plus grande gêne ; son crédit était épuisé ; il était, en un mot, couvert de dettes.

Son compagnon de plaisirs était pour lui un sujet d'admiration et d'envie ; il le voyait mener un train de prince, sans qu'il lui connût aucun créancier.

Un jour, il lui demanda l'explication de ce problème.

— Comment se peut-il faire, lui dit-il, que, sans fortune aucune, tu satisfasses tous tes goûts et tes fantaisies, tandis que moi, avec quelques ressources, je sois obligé de vivre de privations tout en contractant des dettes?

C'est sur ce terrain que Chauvignac attendait son camarade. Il resta, toutefois, quelques instants sans lui répondre, comme pour donner plus d'importance à ses confidences ; puis le regardant avec un sourire diabolique.

— Tu serais donc heureux d'être comme moi ? lui dit-il.

— Peux-tu le demander ?

— Eh bien ! il ne tient qu'à toi d'être encore davantage.

— Que faut-il faire pour cela ? demanda Olivier d'un ton où le plaisir se mêlait à la convoitise.

Chauvignac jugea son néophite suffisamment préparé pour recevoir ses communications.

— Écoute-moi, lui dit-il d'un ton mystérieux : tu dois connaître cet aphorisme aussi juste que populaire, dont l'ancienneté remonte à la création du monde :

« Les hommes se divisent en deux grandes classes : les dupeurs et les dupés. »

Voyons, parle franchement. A quelle catégorie préfères-tu appartenir ?

— Mais, dit le jeune homme étonné de cette

brusque demande, tu me prends là bien à l'impro-
viste : cela mérite réflexion.

— Eh bien! ces réflexions nous allons les faire
ensemble, dit le nouveau Méphistophélès, et nous
en puiserons le sujet dans quelques individus de
cette foule immense et bigarrée que l'on nomme la
société.

Les deux amis se trouvaient en ce moment atta-
blés à la porte d'un des meilleurs cafés de la ville
sur une place publique. C'était un dimanche ; le
temps était beau ; grand nombre de passants et de
promeneurs circulaient devant eux.

— Tiens, fit Chauvignac, vois-tu passer cet homme
triste, maigre, à l'échine courbée, aux vêtements
misérables? c'est un malheureux qui a travaillé toute
sa vie pour payer les dettes que son père a laissées
en mourant. Il est vieux ; c'est à peine s'il a de
quoi manger ; examine... pas un ne le salue.

Regarde maintenant ce gros ventru bouffi d'in-
solence et de fierté ; vois comme il est content de
sa personne, on dirait un paon faisant la roue.
Eh bien! c'est un ancien commerçant qui n'a cessé
de porter la fraude et la déloyauté dans ses affaires.
Un beau jour, il s'est fait banquier, et dans sa ban-

que il fait l'usure. Il est plus que millionnaire. Regarde... il fait un signe protecteur à des gens qui encensent sa fortune en le saluant.

Le premier est une dupe, le second est celui qui les fait.

— Ou pour parler plus juste, dit Olivier, le premier est un honnête homme et le second un fripon.

— Soit! je te l'accorde, continua le tentateur; mais, voici un autre exemple, auquel, certes, tu ne feras pas la même application.

Tu dois connaître, mieux que tout autre, un jeune homme plein de cœur, d'intelligence et d'énergie qui, faute d'une fortune suffisante, mène en quelque sorte une vie de privations et de tourments. Ce jeune homme est couvert de dettes, et s'il s'avise de jouer pour se rattraper, il est sûr de perdre.

Tout près de lui est, en ce moment, un de ses amis qui, sans biens-fonds et sans aucune rente, possède cependant une fortune sans cesse renaissante. Celui-là est toujours heureux au jeu; aussi peut-il se flatter de n'avoir aucun caprice qu'il ne satisfasse.

Le premier de ces deux amis est une dupe, le
second est celui qui...

Chauvignac s'arrêta pour laisser achever la phrase
par Olivier.

— Où veux-tu en venir, dit celui-ci qui commençait à comprendre.

— Je veux en venir, répondit Chauvignac, avec
un impudent cynisme, à te faire savoir que ce favori
de la fortune, ce joueur heureux dont tu envies le
sort, fait partie d'une société dite des *philosophes*,
et que ces philosophes possèdent des moyens aussi
certains que faciles de s'assurer les faveurs de la
fortune.

— Mais, se hâta de dire le jeune Olivier dans un
bon mouvement de probité, tricher au jeu est le fait
d'un malhonnête homme.

— C'est sur ce point, mon cher, que nous ne
sommes pas d'accord. Permets-moi de te dire que
tu es dans l'erreur la plus complète. Je vais t'en
donner la preuve.

D'abord, fais-moi le plaisir de me dire ce que tu
entends par tricher au jeu.

— Tricher au jeu, c'est influencer le sort par des
manœuvres secrètes.

— Très-bien ! s'il en est ainsi, je vais promptement te prouver que le plus honnête homme ne se fait aucun scrupule de tricher.

En effet, ne voit-on pas chaque jour des gens d'une probité à toute épreuve, chercher par des pratiques secrètes à influencer la chance en leur faveur ?

Celui-ci, en se mettant à une table de jeu, prendra le côté de la charnière, parce qu'il croit à son heureuse influence. S'il gagne, il laissera son argent en désorde, car s'il s'avisait de le compter, sa veine serait aussitôt rompue.

Un autre, croira à l'efficacité d'une certaine pièce de monnaie qu'il mêlera avec son argent, mais dont il ne se dessaisira jamais.

D'autres enfin, se font des sortes d'amulettes du cœur desséché d'une poule noire, d'une tête de scarabée, ou d'un morceau de corde de pendu [1].

Dis-moi, je te prie, quel est le but de ces mystérieuses influences, si ce n'est, comme on dit au palais, de gagner subrepticement le bien d'autrui en faisant tourner à son profit les bénéfices d'une partie.

---

[1] Voir l'intéressant ouvrage de M. Édouard Gourdon, *les Faucheurs de Nuit*, chapitre des fétiches.

Dans ces circonstances, si le fait ne répond pas à l'intention, l'intention, certes, doit-être réputée pour le fait.

Entre ces moyens et les nôtres, il n'y a de différence que des doigts à la pensée. La conclusion morale est la même.

Va ! les honnêtes gens ont beau faire et beau dire, ils sont de notre confrérie, et s'ils ne vont pas plus loin dans cette voie de tricheries qu'ils appellent licites, c'est qu'ils n'osent pas.

Je dirai plus, continua Chauvignac emporté par ses propres sophismes : prenez en particulier, l'un de ces héros de probité ; donnez-lui une manière quelconque de toujours gagner, avec la certitude de n'être jamais pris, à coup sûr il acceptera. Crois-moi, va ! j'en sais beaucoup plus long que je ne veux en dire.

— Tout cela, dit Olivier, prouverait tout au plus qu'il y a des honnêtes gens qui ne sont pas honnêtes, mais non que la tricherie ne soit pas un crime. D'ailleurs, la loi la punit comme tel.

— C'est vrai ! répondit le rusé Chauvignac, mais cela ne prouve pas non plus que la loi ait raison. Je soutiens, moi, que loin d'être répréhensible, l'art

de corriger le sort mérite plutôt des encourage-
ments.

Olivier ne put s'empêcher de sourire.

— Ce que je dis est sérieux, ajouta Chauvignac,
oui, l'art de tricher au jeu est méritoire, et cela,
parce qu'il est utile. Si l'État, vois-tu, était tant soit
peu intelligent, non-seulement il favoriserait la tricherie, mais il lui donnerait encore des primes et
des récompenses.

— Alors, je ne comprends plus rien à la morale.

— C'est que tu n'as pas étudié comme moi la
saine philosophie. Tiens, pour mieux te faire comprendre, je vais te soumettre une comparaison :

On signale de nombreux accidents par suite de
l'usage des champignons. Eh bien! si l'on était assuré que tous les champignons fussent vénéneux,
nul doute que l'on se risquât jamais à en manger.

Il en peut être de même pour le jeu. Si chaque fois
que l'on joue on avait l'assurance d'être dévalisé, à
coup sûr, on se garderait bien de jamais rien confier au hasard des cartes.

Le jeu deviendrait ce qu'il devrait être : un simple
délassement de l'esprit.

Et alors, comprends-tu, mon cher, tout ce que

la Grèce moderne en retirerait de gloire, car elle aurait plus fait pour la moralité que tous les moralistes du monde.

Aussi! je te l'avoue, moi qui ne prendrais pas une épingle, je ne me fais non-seulement aucun scrupule de corriger le sort, mais en trichant, je crois encore poursuivre un but éminemment utile à l'humanité. L'art de tricher au jeu, n'est pour moi que de la haute philosophie mise en pratique.

Le jeune Olivier, avait écouté avec le plus grand intérêt l'éloquent plaidoyer de son ami en faveur de la tricherie; on voyait à quelques signes d'approbation, que sa conscience commençait à se taire devant des arguments aussi captieux.

Chauvignac s'en aperçut, et voulant continuer son œuvre de perdition, il ajouta :

— Voyons, dit-il avec une insinuante perfidie. Y a-t-il à balancer pour toi? D'un côté, la richesse, le plaisir, les jouissances de toutes sortes; de l'autre, d'impitoyables créanciers, la ruine, la misère et le mépris.

— Mais, dit enfin Olivier hors de lui-même, on peut être découvert et alors...

— Que tu es enfant et pusillanime! Tiens, entre avec moi dans ce café, tu jugeras toi-même de la facilité avec laquelle les choses se passent.

Vois-tu là-bas le gros Benoît, le petit rentier, je vais lui proposer une partie de piquet et lui faire payer le café pour nous deux. C'est dommage, il n'a pas le moyen de perdre davantage.

Benoît est abordé par ces messieurs; la partie et l'enjeu sont acceptés; le résultat ne se fait pas longtemps attendre. En deux coups la consommation passe au compte de l'habitué de café.

Chauvignac sortit avec son ami et une fois dans la rue il lui fit ainsi la conclusion de ses indignes principes :

— Ça n'est pas plus difficile que cela lui dit-il. Hein ! comme c'est beau de pouvoir lutter contre la fortune, en étrillant un tas de niais que cette capricieuse se plaît le plus souvent à favoriser.

— Faut-il longtemps pour apprendre de telles choses, dit Olivier tout étourdi de ce qu'il venait de voir et d'entendre?

— C'est selon, répondit son perfide ami, il en est de cet art comme du piano, on peut facilement *faire plaisir* en peu de temps ; cela dépend de la méthode et du professeur.

Mais nous ne sommes pas loin de chez moi, entrons, et, tout en fumant un cigare, je te donnerai quelques explications.

Et comme Olivier, par un reste de pudeur, hésitait à le suivre :

— Oh, mon Dieu ! ça n'engage en rien, tu n'en prendras toujours que selon ton bon plaisir ; d'ailleurs il est bon de tout savoir, et si ce que je te montre ne te sert pas pour attaquer, tu pourras en tirer parti pour la défense. On ne sait pas ce qui peut arriver !

Chauvignac n'eût certainement pas mis autant d'insistance, s'il n'eût eu en vue quelque perfidie envers son ami.

Olivier avait fini par accepter l'invitation qui lui était faite ; on s'était étendu sur un excellent divan, et tout en fumant un panatella, Chauvignac, un jeu de cartes à la main, commençait ses coupables démonstrations.

—Tiens ! voici un jeu, examine-le bien et dis-moi si tu lui trouves quelque disposition favorable à la tricherie.

Le néophyte regarda les cartes avec beaucoup d'attention ; mais, vu son défaut de connaissances dans les fourberies des Grecs, il ne put rien y découvrir.

— Tu ne découvres rien dans ce jeu, dit Chauvignac, et pourtant il a subi une préparation que l'on nomme *biseautage*[1].

Cette disposition permet de retirer au besoin du jeu telles ou telles cartes et de les classer ensuite dans l'ordre nécessaire pour qu'elles reviennent à l'opérateur.

Et Chauvignac, joignant l'exemple aux préceptes, démontra à son ami les manipulations de cette fourberie.

— Maintenant, ajouta-t-il, pour te prouver que ce coup n'est pas difficile, je veux te le faire exécuter à toi-même ; mettons-nous à cette table, et supposons que nous jouons mille francs.

Bien qu'Olivier n'eût pas de grandes dispositions pour la prestidigitation, il parvint néanmoins avec la leçon de son ami à faire deux fois la vole à l'écarté.

---

[1] Voir à la partie technique de l'ouvrage aux cartes biseautées.

—Ce coup, lui dit Chauvignac, est le plus élémentaire comme le plus facile des procédés de tricherie. Un peu plus tard je t'apprendrai à te passer de
jeux préparés ; tu deviendras, je l'espère, un *philo-
sophe* accompli.

Olivier ne répondit rien, car il avait trop à faire
avec son esprit dans lequel mille pensées venaient se
heurter.

Chauvignac jugeant sa victime suffisamment engagée et compromise, l'abandonna aux tentations
qu'il lui avait suggérées. Il prétexta quelques visites
et les deux amis se séparèrent.

Deux jours après le professeur va trouver son
élève. Dis-moi, lui dit-il, veux-tu venir avec moi
faire un petit voyage d'agrément ?

— Ta proposition arrive dans un mauvais moment,
répondit Olivier ; non-seulement je ne me trouve
pas en fonds, mais encore je suis à la recherche d'un
billet de mille francs pour l'échanger contre une
maudite lettre de change que j'ai souscrite et qui
échoit aujourd'hui même.

— N'est-ce que cela, dit Chauvignac en tirant un
billet de banque de son portefeuille, tiens tu me ren-
dras cela demain.

— Tu es fou sans doute?

— Soit, mais dans .ma folie je t'ouvre un crédit d'un autre billet de mille pour aller toucher une trentaine de mille francs qui t'attendent.

— Explique-toi, car tu me ferais à mon tour perdre la tête.

— Voici le fait :

M. le comte de Vandermool, un riche capitaliste belge, joueur passionné s'il en fut jamais, et qui peut sans grand tapage perdre une centaine de mille francs, est en ce moment à Boulogne où il va séjourner pendant une huitaine. Il s'agit de dégraisser un peu ce millionnaire. Rien n'est plus facile. Un de mes amis et confrères parisiens du nom de Chaffard est déjà près de lui pour le circonvenir ; il n'y a plus maintenant qu'à se mettre à l'œuvre.

Tu es des nôtres, c'est convenu, et dans quelques jours tu reviendras satisfaire tes créanciers et acheter un cachemire à ta maîtresse.

— Mais tu vas trop vite en besogne, dit Olivier, sur le ton de l'incertitude, attends donc un peu, je n'ai pas encore dit oui.

— Je ne te le demande pas maintenant ton oui, tu le diras à Boulogne. Voyons, dépêche-toi d'aller payer ton billet; nous partons dans deux heures. Les chevaux de poste sont commandés ; on vient nous prendre chez moi; sois exact.

Le soir même les deux *philosophes* arrivent à Boulogne. Ils descendent à l'hôtel de l'Univers qui leur a été désigné par leur confrère. Ils ne tardent pas à rencontrer celui-ci, qui leur annonce qu'il n'y a pas de temps à perdre et qu'il faut se mettre tout de suite à la besogne, le Comte ayant parlé de la possibilé de partir le lendemain dans la journée.

Les voyageurs dînent à la hâte, font quelque peu de toilette et se dirigent vers l'appartement du millionnaire exotique.

Chaffard, qui les a précédés, les présente comme deux de ses amis dont les propriétés avoisinent la ville de Boulogne.

M. le comte de Vandermool est un homme d'une cinquantaine d'années. il possède une physionomie pleine de bonne foi et de candeur. Il porte plusieurs décorations étrangères.

Les nouveaux venus sont reçus par lui avec une affabilité charmante ; il fait plus : il les engage à passer la soirée.

L'invitation est acceptée, cela va sans dire.

La conversation, d'abord animée, se ralentit peu à peu. Le Comte propose alors une partie qui est encore facilement acceptée par les trois compères.

Tandis qu'on dresse une table, Chauvignac remet à son jeune ami deux jeux de cartes biseautées pour être substituées à celles qui seraient fournies par le Comte.

On convint de jouer l'écarté, et Olivier fut chargé de tenir la main ; les deux autres associés ayant prétendu ne pas connaître le jeu et se contentant de faire des paris l'un contre l'autre. C'étaient du reste autant de coups d'épée dans l'eau, puisque les intérêts étaient communs.

Olivier, étonné d'abord de cette déclaration, avait fini par comprendre, d'après certains signes de Chauvignac, que cette réserve avait pour but d'inspirer moins de soupçons en cas de réussite.

Le comte, vu ses immenses richesses, ne voulut jouer que des billets de banque. Fi donc ! disait-il, le métal sent mauvais dans un salon.

Le nouvel adepte, confus d'abord de faire partie d'un pareil guet-apens, suivit une suprême inspiration de sa conscience, et, négligeant les avantages que pouvaient lui présenter ses jeux, il se confia aux hasards de la fortune.

Cette capricieuse déesse ne lui tint aucun compte de ce bon mouvement : en deux coups, le seul billet de mille francs qu'il eût en sa possession, passa dans les mains de son adversaire.

C'est alors que, pressé par un perfide coup d'œil de Chauvignac, autant que par le désir de rentrer dans sa perte, Olivier mit à exécution les coupables manœuvres que son ami lui avait enseignées.

Son travail était, du reste, des plus faciles. Le Comte était d'une myopie à user le bout de son nez sur ses cartes, tant il lui fallait regarder de près.

La chance tourna, comme on doit le croire, et les billets de mille francs s'accumulèrent bientôt entre les mains d'Olivier qui, grisé en quelque sorte par cette possession, travaillait avec une ardeur sans égale.

M. de Vandermool était, du reste, un excellent joueur ; ses pertes répétées ne lui faisaient rien perdre de sa bonne humeur et de sa jovialité. A voir sa physionomie heureuse on l'eût, certes, pris pour le gagnant.

— Je ne suis pas en veine, disait-il plaisamment

en puisant une prise de tabac dans une superbe tabatière en or. Dans ce dernier coup, par exemple, j'ai eu beau songer à tout, il n'en est venu *aucun* dans mon jeu.

Olivier restait sérieux ; son esprit était peu disposé à écouter des jeux de mots ; il continuait à manipuler les cartes avec une fiévreuse avidité. Toutefois, voulant, en quelque sorte, acquitter envers un si noble adversaire une dette de politesse :

— Vous êtes impayable, monsieur le comte, lui dit-il avec un sourire qu'il s'efforça de rendre aimable.

— *Impayable,* dites-vous ; mais c'est le mot, monsieur Olivier, c'est le mot. Ah ! il est bon celui-là, je vous en fais mon compliment... Je vous demanderai des cartes.

— Impossible... Atout... atout... je coupe et Roi de carreau qui est bon ; cela me fait cinq points.

—Ah ça ! décidément, le guignon a jeté son grapin sur moi, dit le Comte, voilà quatre-vingt mille francs partis ; je vois que bientôt je vais en être pour mes cent mille.

Il est bon, toutefois, mon cher monsieur, que je vous avertisse qu'il n'est pas dans mes habitudes de rien perdre au delà, et, s’il doit en être ainsi, je vous proposerai de souper avant de perdre mes derniers vingt mille francs. Cela changera peut-être ma veine : vous me devez bien cela.

On accepta la proposition.

Olivier, devenu fou par la possession de quatre-vingt mille francs, ne put résister au désir de témoigner toute sa reconnaissance à Chauvignac ; il l’entraîna dans un coin de l’appartement pour lui serrer la main.

Le malheureux était loin de s’attendre à l’affreuse déception qui lui était ménagée par ses deux complices.

Le capitaliste belge, ce Comte si respectable, n’était qu’un adroit escroc que Chauvignac avait fait venir de Paris pour jouer une infâme comédie dont le dénoûment serait la ruine du fils de famille.

Celui-ci ne s’aperçut pas, tandis qu’il s’éloignait de la table que le faux millionnaire changeait les jeux dont on venait de se servir, contre des cartes biseautées en sens inverse.

Le souper ne pouvait manquer d’être très-gai. On

but toutefois modérément ; on tenait à conserver sa tête pour l'achèvement de la partie.

On se remit bientôt au jeu.

— Tenez, dit l'escroc parisien en s'asseyant à la table, je veux en finir promptement : je vous joue les vingt mille francs d'un coup.

L'enjeu fut tenu, c'était de toute justice ; mais, ô cruelle déception ! ce coup de vingt mille francs sur lequel Olivier avait si bien lieu de compter passa entre les mains de son adversaire.

Un coup de quarante mille francs subit le même sort.

Olivier haletant, éperdu, découragé ne sait plus que faire. Il a beau manipuler le jeu, il ne se donne que des cartes basses. Son adversaire a des atouts plein les mains, et c'est lui qui les lui donne.

Dans son désespoir il consulte Chauvignac qui lui fait signe de continuer. Le malheureux suit cet avis et perd encore.

Égaré, hors de lui-même, il joue des sommes folles pour se rattraper, et bientôt il se trouve à son tour, devoir cent mille francs à son adversaire.

C'est alors que se passe une scène infâme ; le prétendu Comte s'arrête, et se croisant les bras :

— Monsieur Olivier de X... lui dit-il sévèrement, vous êtes donc bien riche pour jouer aussi légèrement de pareilles sommes. Libre à vous, monsieur, de compter avec votre fortune ; mais, si riche que vous soyez, vous devez savoir qu'il ne suffit pas de perdre cent mille francs, il faut aussi les payer. D'ailleurs, ne vous ai-je pas donné l'exemple ? Commencez donc par me couvrir de la somme que je vous ai gagnée, après quoi nous pourrons continuer.

— Rien de plus juste, monsieur, dit en balbutiant le jeune Olivier, je suis prêt à vous satisfaire ; mais enfin vous savez que... les dettes de jeux... ma parole...

— Sacrebleu ! monsieur, fit le Comte en donnant un violent coup de poing sur la table, que me parlez-vous de parole ; il vous sied bien d'invoquer des engagements d'honneur. Voyons ! jouons maintenant un autre jeu sur table, et parlons carrément... monsieur Olivier de X... vous êtes un fripon... oui... un fripon ! Les cartes dont on se sert sont biseautées, et c'est vous qui les avez apportées ici.

— Monsieur !... vous m'insultez !

— Cela m'étonne, monsieur, dit ironiquement le faux Belge.

— C'en est trop, monsieur, vous m'en rendrez raison; et cela à l'instant même. Entendez-vous? sortons!

— Non pas! non pas! restons ici pour vider cette affaire d'honneur. Tenez, vos deux amis seront vos témoins. Je vais envoyer chercher les miens.

L'escroc, qui pendant ce colloque s'était levé, sonne violemment.

Son propre domestique se présente.

— Allez chercher le procureur du roi, et priez-le de se rendre ici pour une affaire très-importante. Faites diligence, entendez-vous?

— De grâce! monsieur, de grâce! ne me perdez pas, dit d'une voix suppliante le malheureux Olivier; je me mets à votre discrétion.

— Étienne, dites-moi, attendez derrière cette porte, et si dans dix minutes vous ne recevez pas des ordres contraires, vous exécuterez ceux que je viens de vous donner.

— Maintenant, à nous deux, monsieur, continua l'escroc parisien; à nous deux! Ces cartes ont été insinuées par vous à la place de celles que j'avais fournies... vous allez les cacheter et les sceller de

votre signature et des armoiries que vous portez
sur cette bague.

Olivier regardait tour à tour Chauvignac et Chaffard, mais il n'en recevait que des signes qui l'en-
gageaient à se résigner. Il fit ce qu'on lui demandait.

— Ce n'est pas tout, monsieur, ajouta le faux
Belge, je vous ai assez loyalement gagné pour exiger
une garantie. Vous allez me faire des billets à courte
échéance pour la somme de cent mille francs que
vous me devez.

Et comme le malheureux Olivier hésitait à satisfaire à cette demande, son impitoyable créancier se
leva pour saisir la sonnette.

— Ne sonnez pas, monsieur, ne sonnez pas, dit
le jeune homme, je signerai.

Il signa en effet.

Le guet-apens était consommé.

Olivier revint dans sa famille, et fit un humble
aveu de sa faute et de ses engagements. Son véné-
rable père se résigna à payer les cents mille francs,
estimant son honneur bien au delà de cette fortune.

La société des philosophes avait participé à cette escroquerie dans la personne de Chaffard et du capitaliste belge.

Chaffard fut chargé de la liquidation de la créance, et il agit avec tant de zèle qu'en peu de temps, ainsi que nous l'avons dit, cent mille francs lui furent comptés en échange des billets à ordre.

Chauvignac, l'œil aux aguets, se fit aussitôt remettre sa part. La moitié de la somme, d'après ce qui avait été convenu, lui revenait pour avoir monté le coup et préparé la victime. Les cinquante autres mille francs restèrent entre les mains de Chaffard pour être répartis entre les trois philosophes.

Mais le rusé coquin, se voyant en possession d'un fonds de luxe et de plaisirs pour au moins une année, et craignant, d'un autre côté, d'avoir, d'un moment à l'autre, à rendre compte à la justice de ses nombreux méfaits, au lieu de se rendre à Paris se dirigea vers Bruxelles pour y jouer à son tour en réalité le rôle de capitaliste français.

Ses deux associés en furent avertis par une lettre de Chauvignac, auquel Chaffard avait confié son projet.

Raymond prit assez philosophiquement son parti

sur cette déception : il avait appris à ses dépens qu'il ne faut pas compter sur la conscience d'un fripon. Cette nouvelle escapade de Chaffard ne le surprit pas ; elle était en quelque sorte inévitable.

Pour Andréas, il en fut tout autrement : furieux de se voir le jouet d'un homme qu'il regardait comme son inférieur, sinon en force brutale au moins en intelligence, il jura de rejoindre son voleur et de lui faire rendre gorge.

La tête pleine de ruses et de perfidies, il se dirigea vers la Belgique ; mais, par mesure de précaution, il eut soin de s'adjoindre comme compagnon de voyage et comme associé, un boxeur renommé, sorte de boule-dogue aux formes herculéennes, qu'il se proposait de lâcher au besoin sur son antagoniste.

Raymond, une fois séparé de celui qu'il aurait dû regarder comme son mauvais ange, ne se sentit plus la force de continuer le dangereux état dans lequel il avait été fatalement entraîné. Les dangers incessants dont il était entouré, un reste de conscience, un retour à de meilleurs sentiments, lui firent prendre la résolution de quitter à tout jamais le métier de faiseur de dupes.

Possesseur d'une vingtaine de mille francs, il s'en
fit un fonds d'existence qui devait lui donner le
temps de trouver un emploi qui le fît vivre honora-
blement. Mais, au bout de quelques mois, guidé
par un reste d'amour pour les jeux en général et
pour la roulette en particulier, il se dirigea vers
les villes de bains qui sont munies de ces engins de
ruine, et c'est là qu'il entreprit sa fameuse croisade
contre les banques et leurs croupiers.

On connaît le résultat des calculs et des supputations du *voisin* Raymond, résultat inévitable pour
tout joueur qui compte fixer à son profit les faveurs de la fortune.

Il avait fallu quelques jours à Raymond pour me
faire le récit qu'on vient de lire ; car, lorsque son-
nait l'heure du jeu, le narrateur me quittait aussitôt pour ne s'occuper que de ses combinaisons
hypothétiques.

Son nouveau système, dont il ne voulut jamais
me dire un mot, et que j'ai supposé devoir tourner
dans le même cercle d'induction que le précédent,

ne lui rapportait, du reste, d'autre bénéfice que les riantes illusions dont il se berçait.

Lorsque je quittai Bade, il se trouvait à bout de ressources, et je fus obligé d'ajouter encore à la somme qu'il me devait. Ce qui me décida à faire ce sacrifice en faveur de cet insensé, c'est que j'avais acquis la preuve que, depuis sa conversion, il avait préféré subir les étreintes de la plus affreuse misère plutôt que de tirer parti de .sa coupable adresse.

Je laissai Raymond dans une sorte de béatitude et dans la complète assurance qu'il me rembourserait sous peu de jours. Avec ce que je lui donnais il devait, disait-il, faire *sauter* la banque de Bade.

Ces espérances dorées furent loin de se réaliser, car à quelque temps de là, alors que j'avais repris le cours de mes représentations à Paris, je reçus une lettre de Raymond dans laquelle il me demandait un dernier secours pour se procurer du pain en attendant un emploi qu'il sollicitait.

Je ne répondis pas, pour ne pas autoriser de nouvelles demandes ; mais j'écrivis à un de mes amis à Strasbourg de faire passer à ce malheureux une cinquantaine de francs, sans lui faire connaître la source de cet envoi.

Un an se passa sans que j'entendisse parler de Raymond, et je le croyais mort de misère, lorsqu'un jour, rentrant chez moi en voiture de régie, je ne pus arriver jusqu'à ma porte, un élégant coupé venant également de s'y arrêter.

Je mets pied à terre, et quelle n'est pas ma surprise de reconnaître dans mon visiteur le voisin Raymond dans une toilette des mieux tenues. Il portait, comme dans ses beaux jours de roulette, toute sa barbe; seulement elle n'était pas encore arrivée à la même longueur.

J'hésitais toutefois à lui parler tant mon étonnement me portait à croire que j'étais le jouet d'une illusion.

— Hein! fit Raymond, ainsi que lors de notre rencontre à Bade, comme une barbe de plus change un homme, surtout lorsque cet homme est transformé en demi-millionnaire!

Entrez, dis-je à Raymond, et montons au plus vite, car j'ai hâte de connaître les heureuses combinaisons qui vous ont valu votre fortune.

Mon visiteur me suivit sans mot dire, et lorsque

nous fûmes entrés dans le salon, comme il gardait
encore le silence :

— Ah çà! lui dis-je, comment se fait-il que les
journaux n'aient pas parlé de votre heureuse veine?
Vous le savez, lorsqu'ils perdent, les banquiers ne
manquent jamais de solliciter la publicité de la presse
pour affriander les joueurs.

Raymond semblait réfléchir et ne répondait pas ;
après quelques instants de silence :

— Je cherche, me dit-il, un moyen de prolonger
votre erreur ; ne le trouvant pas, je me décide à
vous dire la vérité.

Vous vous rappelez sans doute qu'au début du
récit que je vous ai fait, je vous ai caché mon nom
par respect pour un des membres de ma famille. Il
s'agissait de mon frère occupant un poste honorable
dans la magistrature.

Ce frère qui n'a, Dieu merci, connu de mes travers que la dissipation de ma fortune, est mort il
y a trois mois, sans avoir fait de testament. J'étais
son unique héritier. Je devins possesseur de ses biens
qui se montaient à vingt-cinq mille livres de rente.

Tels sont les simples faits qui m'ont transformé
en capitaliste.

J'ai complétement renoncé au jeu, continua Raymond ; je me trouve assez riche et n'ai plus aucune ambition du côté de la fortune. Et pourtant, ajouta-t-il d'un air superbe, si je voulais maintenant, comme je les ferais *sauter* toutes ces banques orgueilleuses, et quelle vengeance éclatante je pourrais tirer du guignon et de ses inflexibles suppôts. Mais mon cœur est trop plein de bonheur pour que la vengeance y puisse trouver la moindre place.

Raymond s'était retiré au Marais où il vivait entouré d'une certaine considération. Je le perdis de vue lorsque je me décidai à habiter la province.

Dans un voyage que je fis, il y a trois ans, à Paris, j'appris que Raymond n'était plus et qu'en mourant il avait laissé toute sa fortune à divers établissements de bienfaisance de la capitale.

PARTIE TECHNIQUE

Nous voici maintenant arrivés à la partie la plus importante de cet ouvrage. Il s'agit d'expliquer au lecteur les manœuvres des différentes sortes de Grecs dont je viens d'esquisser la physiologie. Pour les bien faire comprendre, je vais entrer dans quelques détails qui, je l'espère, ne pourront manquer d'inspirer un certain intérêt.

Qu'on le sache bien, toutefois, mon intention n'est pas de faire ici un cours de prestidigitation. Je tiens moins à faire exécuter des tricheries, qu'à mettre chacun en mesure de les conjurer. Je ne dirai donc que ce qui est absolument nécessaire pour que les joueurs se tiennent généralement sur leurs gardes et comprennent surtout le danger de jouer avec des personnes dont la probité n'est pas parfaitement établie.

PRINCIPES GÉNÉRAUX

DES TRICHERIES AUX JEUX DE CARTES

1º — Le saut de coupe.

2º — Le passe-coupe.

3º — L'enjambage.

3º — La carte large,

5º — Le pont.

6º — La carte tuilée.

7º — Le filage.

8º — L'enlevage.

9º — Le posage.

10º — La carte à l'œil.

11° — La substitution des jeux.

12° — La boîte à la manche.

23° — Les faux mélanges.

14° — Le mélange classificateur.

15° — Le mélange partiel.

16° — L'éventail.

17° — La queue d'aronde.

18° — Les cartes adhérentes ou glissantes.

19° — Les cartes teintées.

20° — Les cartes hors d'équerre.

21° — Les cartes pointées.

22° — Les cartes morfilées.

25° — Les cartes ondulées.

24° — Les cartes tarotées.

25° — Les cartes marquées.

26° — Le chapelet.

27° — La bague à marquer.

28° — La tabatière à réflexion.

29° — La télégraphie.

I

LA COUPE FAUSSÉE

L'opération de *fausser la coupe* est le plus important de tous les artifices employés dans les tricheries : aussi le Grec porte-t-il tous ses soins et son adresse à l'exécution de cette manœuvre.

Pour bien faire comprendre ce que c'est qu'une *fausse coupe*, je vais d'abord rappeler, le but et le résultat d'une coupe régulière.

Dans tous les jeux de cartes, il est d'usage que le donneur, lorsqu'il a fini de mêler, présente le jeu à couper à son adversaire.

C'est une sorte de garantie de moralité que l'on se donne même entre honnêtes gens parfaits.

Voici comment cela s'exécute généralement :

Le jeu est placé par le donneur près de l'adversaire.

LE DONNEUR   [1]   L'ADVERSAIRE

L'adversaire coupe le jeu, c'est-à-dire qu'il enlève une partie des cartes qu'il dépose du côté du donneur en faisant ainsi deux paquets n° 1 et n° 2.

LE DONNEUR   [1]   [2]   L'ADVERSAIRE

Le donneur relève le paquet n° 2 et le pose sur celui n° 1.

LE DONNEUR   [2]   L'ADVERSAIRE

Les deux paquets n'en forment plus qu'un, et

toute disposition du jeu naturelle ou artificielle se
trouve intervertie.

Il importe beaucoup au Grec d'éluder cette dés-
organisation qui ne lui permet plus de compter sur
les dispositions qu'il a faites à l'insu de son adversaire. Il faut donc, pour que sa tricherie réussisse,
que les deux paquets, après avoir subi les chan-
gements de la coupe, reprennent entre ses mains
leur première position.

Il emploie pour cela différents moyens, dont les
principaux sont :

1º *Le saut de coupe.*
2º *Le passe-coupe.*
3º *L'enjambage.*
4º *Le pont.*
5º *La carte large.*

§ Ier

LE SAUT DE COUPE

Le lecteur qui n'est pas initié aux mystères de la prestidigitation, pourra trouver étonnant, pour ne pas dire impossible, qu'un Grec puisse transposer invisiblement deux paquets de cartes sous les yeux mêmes de ses adversaires. Pourtant rien n'est plus vrai.

Les traités de prestidigitation donnent la manière d'exécuter ce prestigieux exercice. Cet ouvrage n'ayant pas pour but le même enseignement, je me contenterai de dévoiler ici les préparatifs et les dispositions nécessaires à cette tricherie.

Lorsque le Grec relève le paquet n⁰ 2, pour le mettre sur le n⁰ 1, comme dans la figure 3ᵐᵉ ci-dessus, au lieu d'égaliser les cartes (ce qui l'empêcherait de distinguer les paquets l'un de l'autre), il pose le n⁰ 2 un peu en arrière sur le n⁰ 1, de manière qu'il déborde l'autre d'un centimètre environ, comme le montre la figure 4.

Fig. 4

A la faveur de cette saillie des cartes, le Grec, lorsqu'il a le jeu entre les mains, glisse le petit doigt de la main gauche entre les paquets 1 et 2, et se tient prêt à faire *sauter la coupe*[1] en temps opportun.

Lorsqu'ils relèvent le jeu, les Grecs habiles ont un moyen plus subtil de conserver les deux paquets

---

[1] Faire *sauter la coupe*, c'est faire passer aussi invisiblement que possible le paquet inférieur sur le supérieur.

séparés l'un de l'autre pour la préparation *du saut de coupe.*

Ils prennent de la main droite le paquet nº 2, comme pour le poser sur l'autre ; mais, au lieu de l'abandonner entièrement, ils savent, en le relevant avec le nº 1, conserver entre ces deux paquets une faible distance qui suffit à l'introduction du petit doigt de la main gauche, comme dans l'exemple précédent.

Fig. 5

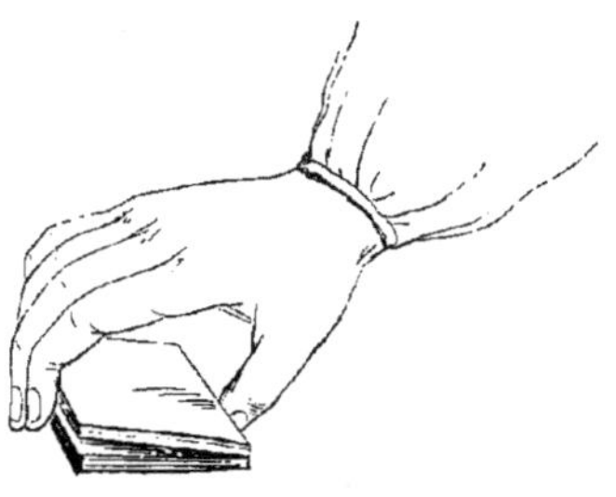

Je viens de dire que les Grecs *font sauter la coupe* en temps opportun. Je dois à ce sujet une explication.

Il n'y a que les débutants qui se hâtent pour exécuter cette délicate opération. Le Grec expérimenté prend son temps, et, à l'aide de quelques gestes de bonne compagnie et d'une conversation pleine d'à-propos, il parvient à dissimuler la manipulation du *saut de coupe*.

Ainsi par exemple :

— Les jeux sont-ils faits, dira-t-il d'un air de bonhomie, en avançant la main du côté des enjeux.

Ou bien encore avec le même geste vers la marque, il s'informera où l'on en est du nombre de points, en affectant une sorte de distraction.

Toutefois, si invisible qu'il soit, le *saut de coupe* est très-difficile à pratiquer dans les parties où de fortes sommes sont engagées. Là, tout donneur de cartes doit être sobre de mouvements, car le moindre geste en dehors de ce qui est strictement nécessaire pour mêler le jeu et donner les cartes, éveillerait bientôt les soupçons.

Mais le Grec n'est pas pour cela à bout de ressources; si ce n'est pas cette tricherie qu'il met en usage, c'est une autre, tant son répertoire est nombreux et varié.

LE PASSE-COUPE

Tous les Grecs sont fins, intelligents et rusés, mais ils ne possèdent pas tous les mêmes dispositions pour les exercices de prestidigitation. Beaucoup d'entre eux ne pouvant parvenir à faire sauter invisiblement la coupe, sont obligés d'avoir recours à des procédés moins difficiles. Le *passe-coupe* est de ce nombre.

Cette tricherie remplit, du reste, le même but que la précédente. Étant bien exécutée elle a également peu de chance d'être découverte.

Il est nécessaire, pour l'explication que je vais en

donner, de se reporter au moment où les deux paquets viennent d'être séparés par la coupe, comme dans les exemples précédents.

Fig. 6

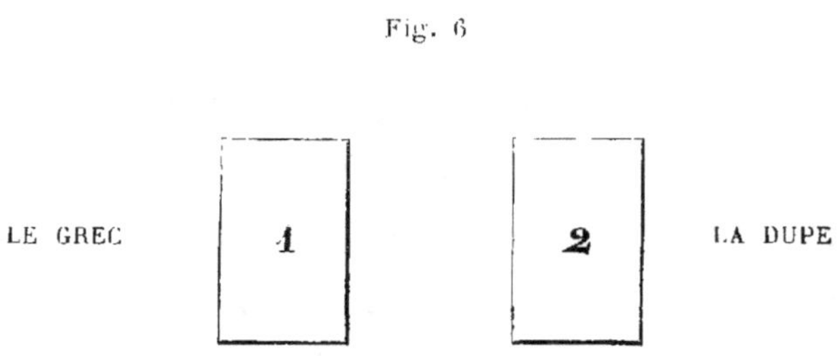

Il s'agit pour le Grec, en relevant les paquets, au lieu de mettre le n° 2 sur le n° 1, de le faire glisser sous celui-ci comme dans la figure 7.

Fig. 7

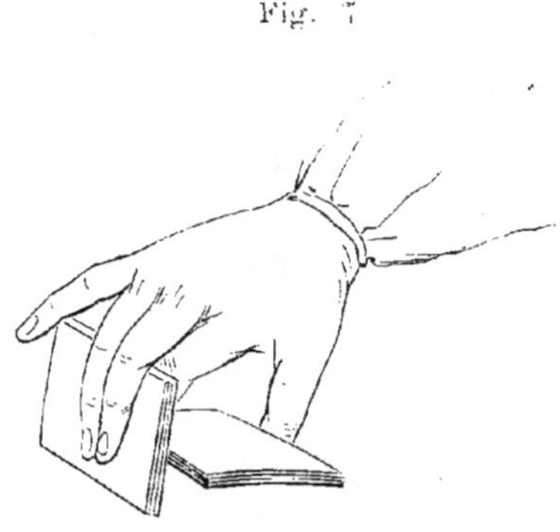

Lorsqu'il a relevé le paquet n° 2, le Grec l'a placé

entre l'index et le médius, de sorte qu'en soulevant le n° 1, il le fait subtilement passer dessous.

Pour faciliter l'introduction de ce paquet, l'escroc a eu soin de bomber le jeu tandis qu'il mêlait les cartes.

Quelques Grecs, au lieu de placer le n° 2 entre les deux premiers doigts, le prennent simplement dans la main et le font glisser sous l'autre par les mêmes principes que ci-dessus. Mais dans ce dernier cas la transposition est plus appréciable.

§ III

L'ENJAMBAGE

L'enjambage est une ruse aussi simple que naïve, et il est étonnant qu'on puisse s'y laisser prendre. Cependant, j'avoue avec franchise que la première fois que je l'ai vu exécuter, j'en ai été dupe comme tant d'autres.

Ici, le Grec, au lieu de poser le paquet n° 2 sur le n° 1, passe par-dessus celui-ci sans s'y arrêter, met simplement ce paquet dans la main gauche qu'il tient un peu avancée, et place ensuite le n° 1 dessus.

Cette fausse coupe, ainsi que la précédente, s'exécute particulièrement dans les tripots et tabagies.

13

§ IV

LA CARTE LARGE

Le titre de ce chapitre indique presque suffisamment la nature de l'artifice que je vais décrire.

C'est une carte plus large que celles en usage. Introduite dans un jeu elle force, par ses parties saillantes, à couper à l'endroit même où elle se trouve placée.

Si le Grec a organisé dans le jeu des dispositions pour se rendre la partie favorable, la coupe ainsi faite ne change rien à son organisation, puisqu'elle

a eu lieu à l'endroit même où se trouve le commencement de sa distribution.

La carte large est également employée par le
Grec comme repère, pour faire sauter la coupe à
l'endroit qu'il croit utile à ses intérêts.

§ V

LE PONT

Le pont est une des plus anciennes tricheries des Grecs. Lorsqu'il est habilement exécuté, il est difficile de s'en garantir.

Comme dans les exemples précédents, il a pour but de fausser la coupe et de conserver ainsi les dispositions faites dans le jeu pour corriger la fortune.

Le Grec tenant le jeu de la main droite, le fait d'abord bomber en le ployant sur l'index de la main gauche, puis il imprime à la partie supérieure du jeu une forme arquée dans le sens opposé, comme dans la figure 8.

Fig. 8

Ceci préparé, il passe le paquet supérieur sous l'autre, comme pour mêler le jeu.

Les parties courbes se rencontrent alors, et c'est le vide produit par ces deux arcs qui force la coupe plutôt à cet endroit qu'à tout autre, ainsi que le représente la figure 9.

Fig. 9

Le plus petit intervalle entre les deux paquets suffit pour forcer la coupe.

On emploie encore, dans le même but, ce que l'on

appelle *la carte tuilée :* les paquets de dessus et
de dessous se ploient en sens inverse dans leur largeur, de sorte qu'en s'appuyant sur deux parties
bombées ils présentent vers les bords un intervalle
qui force la coupe à cet endroit. Ce moyen est loin
de valoir le précédent, et s'emploie rarement.

II

FILER LA CARTE

Filer la carte, c'est changer une carte pour une autre. Entre les mains d'un Grec habile, ce change s'exécute si imperceptiblement, qu'il est impossible à l'œil le plus soupçonneux de signaler le fait.

Supposons que le Grec, en distribuant les cartes, ait reconnu, par des moyens que j'expliquerai plus loin, que celle qu'il va donner à son adversaire peut lui être favorable pour son propre jeu ; il file alors la carte, c'est-à-dire que, au lieu de prendre la carte de dessus pour l'offrir à son adversaire, il donne celle qui suit.

Je vais expliquer comment s'exécute cette perfide
substitution :

Lorsque le Grec se dispose à filer la carte, il a
soin, tout en distribuant, d'avancer sur le jeu deux
cartes débordant un peu les autres ainsi que le représentent les n°s 1 et 2 de la figure 10.

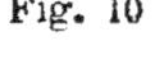

Fig. 10

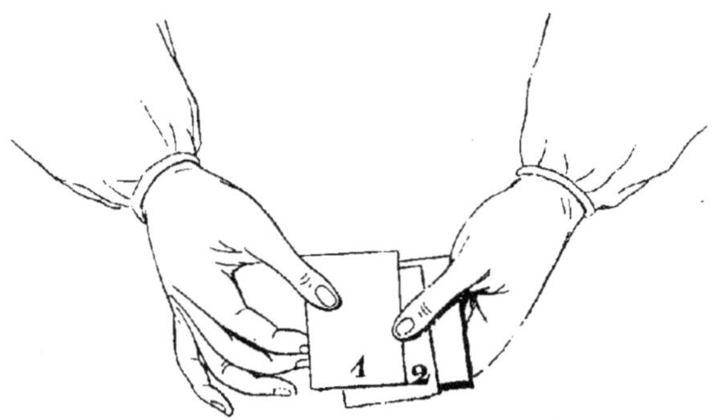

Dans une distribution régulière le n° 1 serait
donné avant le n° 2; mais si le Grec en juge autrement pour ses intérêts, il *file* la carte, c'est-à-dire
qu'il substitue la seconde à la première,

Voici son procédé :

Saisissant les deux cartes à la fois entre le pouce
et l'index, il leur imprime un mouvement inverse

de glissement, c'est-à-dire qu'il fait avancer le n° 2
tandis que le n° 1 recule, comme dans la figure ci-
dessous.

Fig. 11

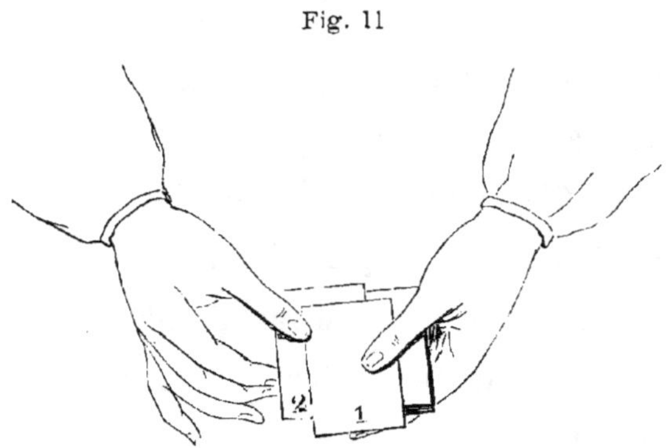

La main droite laissant alors la première carte,
entraîne la deuxième et la distribue.

Ce mouvement, que j'ai été obligé de scinder pour
le faire comprendre, doit être exécuté en une seule
fois et avec la promptitude de l'éclair.

Les habiles, tout en avançant la main droite pour
donner la carte, impriment à la main gauche un
petit mouvement de recul qui dissimule complète-
ment l'opération.

Cette manœuvre peut se continuer autant de fois

qu'il est nécessaire pour que la carte réservée arrive dans le jeu du Grec.

Pour donner une idée de l'illusion que produit ce truc, je dirai qu'un certain Grec (celui dont je parle dans *mes confidences*), après avoir placé, comme démonstration, le roi de pique sur le jeu, distribua toutes les cartes les unes après les autres et, par trente et un *filages* successifs, fit que le roi de pique se trouva le dernier du jeu. J'ai avoué et j'avoue encore que, bien que connaissant l'artifice, je ne vis rien à ces substitutions, tant elles furent adroitement exécutées,

III

L'ENLEVAGE

On a vraiment peine à croire, lorsqu'on n'est pas initié aux mystères de la prestidigitation, qu'un Grec puisse enlever, sous les yeux de son antagoniste, une ou plusieurs cartes et les remettre dans le jeu sans être aperçu. Pourtant, le fait est réel.

L'enlevage est un des plus utiles artifices de la prestidigitation ; il exige une grande finesse d'esprit et surtout une habileté consommée.

Pour exécuter *l'enlevage*, le Grec tient d'abord dans sa main gauche les cartes à enlever posées diagonalement sur les autres et un peu avancées vers la main droite, figure 12.

Fig. 12

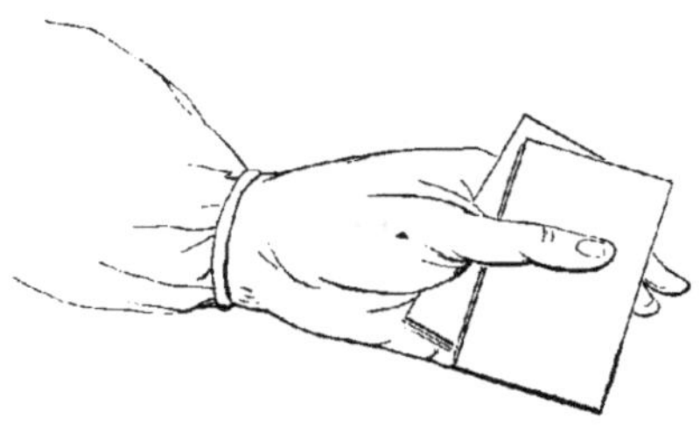

Celle-ci s'en empare en les serrant entre les dernières phalanges des quatre doigts supérieurs et la naissance du pouce appelée thénar.

Les cartes sont alors un peu courbées, comme dans la figure 13.

Fig. 13

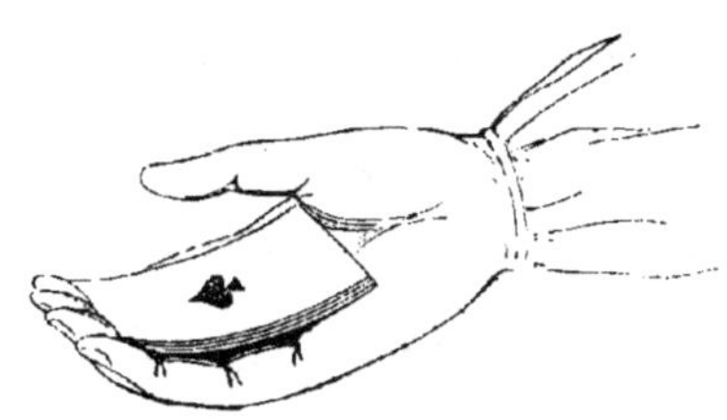

Il y a encore un autre enlevage, mais celui-ci est

moins pratiqué par les Grecs que par les prestidigitateurs, qui l'emploient dans différentes circonstances où le premier ne peut être employé. Il consiste à serrer légèrement les cartes entre le petit
doigt et le pouce de la main qui enlève; de cette
façon, les cartes n'ont pas besoin d'être courbées.

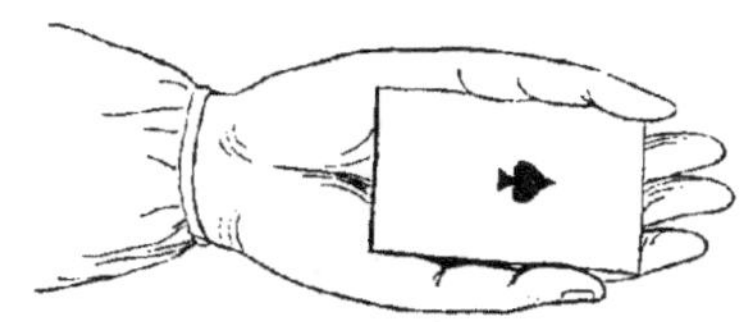

Fig. 14

Le lecteur trouvera sans doute étonnant qu'on
puisse tenir cachées dans sa main six cartes, et plus
même, sans qu'elles soient aperçues. Ce qui devra
le surprendre encore davantage, c'est qu'un Grec
adroit puisse de cette même main où sont cachées
les cartes, couper encore le jeu et conserver assez
de liberté pour gesticuler sans aucune gêne.

IV

LE POSAGE

Une fois en possession des cartes qu'il a enlevées, le Grec, soit qu'il joue au lansquenet, au baccarat ou au vingt-et-un, sait, dans un moment donné, les déposer sur le jeu dans une disposition telle qu'il est sûr qu'elles lui reviendront.

Cette opération est la plus simple de toutes celles que j'ai à décrire :

Le Grec, pour poser les cartes qu'il *a enlevées,* attend qu'arrive le moment de ramasser tout ou partie du jeu. Alors, tout en le faisant glisser vers lui, il pose sur ce paquet les cartes qu'il tient en réserve, en ayant soin de cacher cette opération de toute la largeur de sa main.

V

LA CARTE A L'ŒIL

Il est quelquefois nécessaire au Grec de connaître une carte dans le jeu.

Avec une prestesse extrême, il ouvre, d'une seule main, à l'aide du petit doigt, le jeu à l'endroit où se trouve cette carte, et, d'un coup d'œil rapide, en prend connaissance.

Ce mouvement, prompt comme l'éclair, ne peut être aperçu des joueurs, parce qu'il se fait en gesticulant, et que le dos des cartes est tourné de leur côté.

14

VI

SUBSTITUTION DES JEUX

Les manières de faire cette substitution varient selon la nature et la classe de l'exécutant. Le Grec du grand monde, par exemple, dans le cas très-rare où il fait usage de cet artifice, emploie des moyens beaucoup plus subtils que ceux de son confrère de bas étage.

Toutefois, voici quelques procédés employés par les Grecs de toute nuance :

Le Grec a sous son habit, au dos de son pantalon, une ou plusieurs petites poches, dites *finettes*, dans lesquelles sont placés les jeux qu'il doit substituer à ceux de la maison où il joue. Ces jeux sont placés de façon à pouvoir être pris avec facilité, ainsi que l'indique la figure ci-dessous.

Fig. 15

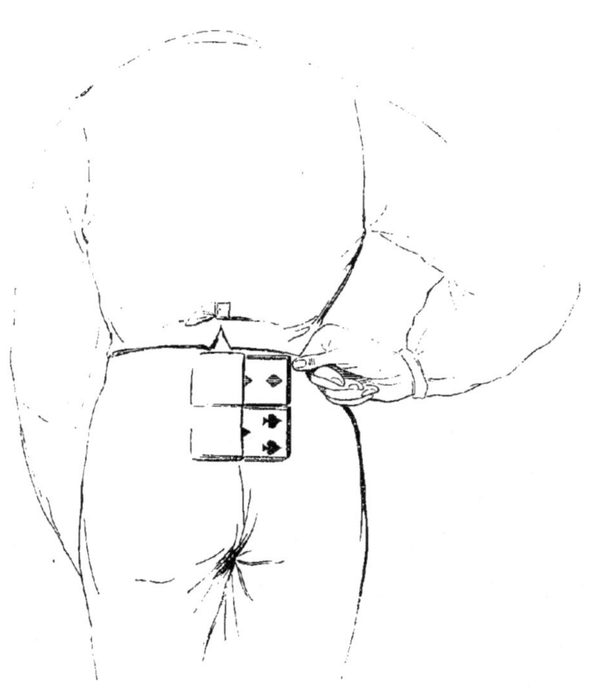

Tout en tenant sa main droite sur la hanche, l'escroc rôde près des tables avant que les jeux soient engagés, et, saisissant un instant favorable, il

opère sa substitution et se débarrasse du nouveau jeu
en le jetant dans une poche béante, dite *profonde*,
qui est pratiquée sous la basque de son habit.

D'autres, plus effrontément habiles, ne craignent
pas d'exécuter cette manœuvre sous les yeux mêmes
de leurs adversaires.

Pour cette opération, les poches sont par-devant
sur le gilet, et se nomment *costières* [1] ; sans doute
parce qu'elles sont placées sur les côtes, un peu
au-dessous du cœur. L'habit les cache.

1° En s'asseyant à la table de jeu, le Grec a subtilement pris dans l'une de ses costières les cartes
préparées, et il les tient cachées dans sa main droite,
ainsi que je l'ai expliqué à l'article Enlevage ;

2° Il prend de la main gauche le jeu qui est sur
la table, comme pour le décacheter, et pose le sien
dessus, en ayant soin que les deux jeux se trouvent
cachés par sa main droite ;

3° Il fait passer en dessus, par la coupe, le jeu de
dessous, et l'enlève selon les principes de l'Enlevage ;

4° Enfin, il se débarrasse de ce jeu en le mettant
dans la *profonde*.

---

[1] Voir la figure à l'article Lansquenet, page 285.

Pour faciliter cette introduction, il feint d'approcher sa chaise de la table, ce qui lui donne l'occasion d'avoir la main près de sa poche.

Tous les mouvements décrits ci-dessus n'en forment pour ainsi dire qu'un seul ; ils sont, du reste, exécutés avec autant d'adresse que de promptitude, et dissimulés au milieu d'une conversation animée que le Grec a su provoquer.

Il va sans dire que l'enveloppe des deux jeux est identique : le Grec a pris ses précautions pour qu'il en soit ainsi.

Certains escrocs ayant à changer un plus grand nombre de jeux, et craignant le danger de répéter souvent l'exercice que je viens de signaler, s'associent avec un compère qui, à la condition de partager les bénéfices, se résigne à servir comme domestique dans les maisons ou établissements qu'il s'agit d'exploiter.

Dans de telles conditions, les deux Grecs réalisent tranquillement des sommes considérables.

D'autres fripons, beaucoup plus rusés encore, ne prennent aucun associé, et parviennent cependant à changer un grand nombre de cartes.

Le Grec s'informe du marchand où se fournit le

cercle ou la maison qu'il fréquente. Il y fait d'abord quelques petits achats pour lier connaissance. Il y retourne ensuite plusieurs fois pour le même motif; puis, un beau jour, il se dit chargé par un ami d'acheter une douzaine de sixains de cartes, ou plus ou moins, selon l'importance du magasin.

Le lendemain matin, sous prétexte que les jeux ne sont pas de la couleur qui a été demandée, il les rapporte.

. Les paquets sont encore cachetés ; le marchand, plein de confiance, les échange contre d'autres.

Mais le Grec a passé la nuit à décacheter les bandes et à les recacheter, par un procédé connu en escamotage ; les cartes ont été marquées par lui; le marchand les a maintenant dans son magasin ; le tour est fait : le Grec les attend à domicile,

LA BOITE A LA MANCHE

Il existe encore un perfide moyen pour changer le jeu sous les yeux mêmes de l'adversaire. C'est une boîte en fer blanc qu'on peut s'attacher au bras sous la manche, sans en augmenter visiblement le volume.

Le Grec y met des cartes qu'il a disposées à son gré.

Lorsqu'il s'agit de couper, il place sans affectation la main sur le jeu qui se trouve sur la table, de manière à le cacher tout entier, puis, appuyant lé-

gèrement le bras sur le tapis, il presse une détente qui fait ouvrir la boîte, et aussitôt les cartes
préparées en sortent, tandis qu'une pince vient saisir l'autre jeu et le ramène dans la boîte.

En terminant ce chapitre sur les enlevages, je
dois dire au lecteur que bien que ces diverses manœuvres soient très-intelligemment combinées, elles
ne sauraient être indistinctement employées.

Les estaminets, les maisons de jeu clandestines,
les salons plus ou moins aristocratiques, les cercles
exigent des opérations différentes.

Le Grec sait fort bien discerner ce qui convient
pour chacun de ces joueurs, et se risque rarement
à pratiquer cette tricherie s'il n'est sûr de la réussite.

VIII

LES FAUX MÉLANGES

On pourrait en quelque sorte avancer que les faux
mélanges ne sont pas des tricheries, puisque leur
but n'est pas d'organiser des dispositions coupables,
mais seulement de les conserver. Toutefois ces manipulations sont loin d'être innocentes, et peuvent
être très-facilement assimilées aux recéleurs qui,
eux aussi, ne sont pas des voleurs ; et pourtant la loi
les punit comme tels.

Lorsque le jeu est préparé pour la tricherie, soit
que le Grec en ait fait la disposition sous les yeux

mêmes de sa dupe, soit qu'il ait changé le jeu contre un autre disposé à l'avance, il lui importe de
ne pas déranger ses combinaisons en mêlant les
cartes.

Pour cela, il a recours à de faux mélanges dont
la nature varie selon le besoin.

On peut distinguer quatre principales espèces de
faux mélanges, savoir :

Le mélange classificateur;
Le mélange partiel ;
L'éventail ;
La queue d'aronde.

§ Ier

LE MÉLANGE CLASSIFICATEUR

Le mélange classificateur consiste à simuler un mélange tout en classant les cartes dans l'ordre nécessaire pour la tricherie. Supposons, par exemple, qu'un Grec étant au jeu d'écarté ait, en ramassant les cartes, mis sur le jeu quatre cartes de même couleur dont il veut se faire trois atouts et la retourne.

Il y arrive par le mélange classificateur. A cet effet, il divise le jeu en deux parties qu'il tient dans chaque main, ainsi que cela se pratique d'ordinaire pour les mélanges réguliers.

En insérant chaque fois les paquets les uns dans les autres, il sait faire passer successivement sur les quatre cartes sept autres qui complètent la série nécessaire à la distribution.

Il donne ensuite à couper, fausse la coupe, et, lorsqu'il a distribué les onze cartes, les quatre dernières forment trois atouts et la retourne.

Voyez encore, pour exemple, l'organisation du coup de piquet à ce chapitre.

LE MÉLANGE PARTIEL

Le mélange partiel s'emploie pour les jeux où l'on ne distribue qu'une partie des cartes tels que l'écarté. Dans ce cas onze cartes ayant été, je suppose, organisées par le Grec pour le gain de cette partie, il lui importe de ne pas les déranger.

Il fait en conséquence passer ces onze cartes sous le jeu en ayant soin de conserver le petit doigt entre ce paquet et celui de dessus qu'il s'escrime à mêler jusqu'à la vingt-et-unième carte.

Ce mélange terminé, il fait sauter la coupe une seconde fois pour faire revenir en dessus le paquet préparé ; à moins que, faisant le pont, il ne le laisse revenir à sa place par la coupe de son adverversaire.

§ III

L'ÉVENTAIL

L'éventail est ainsi nommé, parce que pour exécuter ce faux mélange, le Grec étale d'abord le jeu
en éventail. Il en fait ensuite deux parts qu'il tient
dans chaque main ; puis, faisant jouer à la fois tous
les doigts de la main droite, il fait passer les cartes
de cette main sous le paquet de la main gauche ;
ce qui produit l'effet d'insérer les cartes les unes
dans les autres.

Les cartes ne se trouvent point ainsi mêlées ; mais
elles sont dans la position qu'elles occuperaient si

le jeu avait été coupé, puisque le paquet supérieur a passé sous l'inférieur : il est donc nécessaire de recommencer une seconde fois cette opération, pour que le jeu revienne dans son état primitif. Ce mélange peut se continuer dans les conditions ci-dessus autant de fois qu'on le juge convenable.

§ IV

LA QUEUE D'ARONDE

Les faux mélanges sont nombreux; chaque Grec
possèdant une manière de mêler les cartes qui lui
est particulière. Ces modifications sont toutes tirées
des principes que je viens de décrire. Il serait trop
long d'entrer dans les détails de tels procédés, qui
sont à très-peu de chose près les mêmes.

Le faux mélange par lequel je vais terminer ce
chapitre présente un caractère particulier, et est
souvent employé par les Grecs.

Pour détourner les soupçons que pourrait éveiller

le faux mélange précédent, le Grec emploie souvent
la *queue d'aronde*, qui consiste à séparer les cartes
en deux parties, et à les intercaler les unes dans les
autres. Mais au lieu d'égaliser le jeu pour rendre
le mélange complet, le Grec fait en sorte que le
paquet qu'il a fait entrer dans l'autre reste incliné
comme dans la figure 16.

Fig. 16

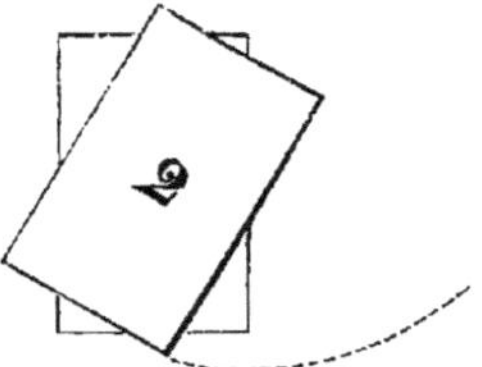

Alors commence une opération qui se trouve masquée par la main droite.

Le Grec, après avoir fait passer le paquet n⁰ 1 à
travers le n⁰ 2, fait décrire à la partie inférieure
de celui-ci un arc de cercle vers la droite, qui le
dégage et lui permet de le replacer sous le n⁰ 1,
ainsi qu'il était primitivement.

VIII

LES CARTES ALTÉRÉES

§ Ier

LES CARTES BISAUTÉES

Les cartes biseautées étaient une des principales tricheries du siècle dernier. Ce truc n'était alors connu que des adeptes de haut lieu, et servait à faire de nombreuses victimes. On ne le trouve plus maintenant que dans les tripots, attendu que l'artifice en lui-même est assez grossier pour être découvert par des gens plus intelligents que ceux qui fréquentent ces lieux. Toutefois le biseau est une arme fort redoutable pour la tricherie entre les mains de certains Grecs.

On entend par cartes biseautées des cartes plus larges d'un bout que de l'autre, comme dans la figure 17.

Fig. 17

Pour cette préparation, le Grec, armé de ciseaux, coupe les cartes en biseau de chaque côté, en commençant par un millimètre environ pour terminer à rien, à l'extrémité opposée.

On comprend que toutes les cartes étant dans le même sens de coupe, si on en met une dans le sens inverse, elle sera dans la partie la plus étroite du jeu plus large de deux millimètres, et pourra facilement être reconnue par le Grec, quelque soin qu'on ait pris pour mêler.

Ce qui a lieu pour une carte peut également se faire avec plusieurs. Ainsi, je suppose que le Grec ait mis toutes les figures dans un sens et les basses cartes dans l'autre, il pourra en prenant le jeu par une extrémité ou par l'autre, couper à l'endroit des figures ou des basses cartes.

Cette organisation des cartes biseautées n'est donnée que comme exemple, car ce truc peut s'utiliser dans toute autre circonstance.

Quelques Grecs font usage de cartes à double biseau; c'est le même procédé sous une autre forme.

Ainsi par exemple, les cartes représentant des figures, sont coupées de manière à offrir des bords convexes comme dans la figure 18, les autres ont une forme concave, figure 19.

Fig. 18   Fig. 19

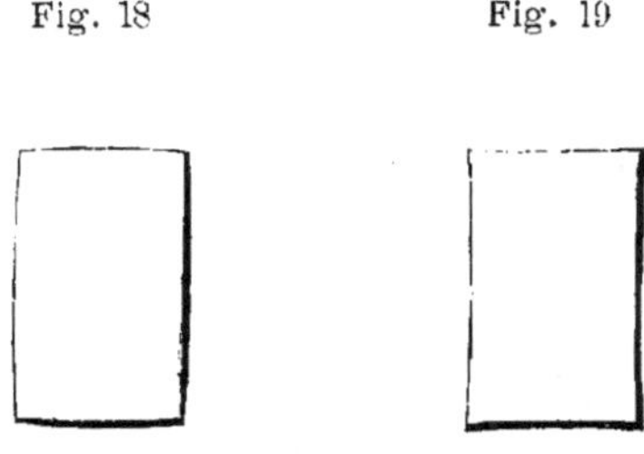

Avec ces cartes, le résultat est le même qu'avec les précédentes; seulement le jeu présente de plus nombreuses ressources pour la tricherie.

Plus les Grecs sont habiles, moins les biseaux sont forts. J'ai vu de ces cartes qu'il fallait regarder avec beaucoup d'attention pour les reconnaître altérées.

LES CARTES TEINTÉES

Lorsque les cartes blanches ne sont pas de première qualité, plusieurs d'entre elles sont diverse-
ment teintées, c'est-à-dire qu'elles sont d'un blanc
plus ou moins pur. Cette imperfection provient de
la mauvaise qualité du carton qui a été employé dans
leur fabrication.

Le Grec sait tirer parti de ces nuances légères
pour reconnaître les cartes, quand il les a eues
pendant quelques instants sous les yeux.

Si les cartes ne présentent aucune irrégularité

dans leur nuance, le Grec parvient à leur donner des teintes diverses que lui seul peut apprécier. Pour cela faire, il frotte, avec un chiffon légèrement imprégné de mine de plomb, certaines cartes qu'il veut reconnaître.

Un joueur, si prévenu qu'il soit, aurait de la peine à apprécier cette frelaterie. Il faut les yeux de lynx du Grec pour reconnaître ces imperceptibles nuances.

Nous devons dire aussi que les Grecs ont des spécialités selon leur capacité. Tel aura une excellente vue et un grand tact d'appréciation, qui se servira de cartes frelatées ; tel autre, pour d'autres raisons, profitera des ressources de la prestidigitation avec des lunettes de presbyte sur les yeux.

LES CARTES ADHÉRENTES OU GLISSANTES

Ainsi qu'on l'a vu dans l'article précédent, les Grecs profitent des moindres différences que présentent les cartes, pour se rendre le jeu favorable.

Ce que l'on aura peut-être de la peine à croire, c'est qu'un jeu neuf sortant de son enveloppe soit souvent dans des dispositions convenables pour qu'un homme exercé puisse reconnaître les basses cartes des figures.

Cette tricherie se fait particulièrement avec un

jeu qui n'a pas été conservé dans un endroit parfaitement sec.

Le Grec, en distribuant les cartes, presse fortement sur le jeu avec le pouce gauche, comme pour détacher et faire glisser les cartes supérieures vers la main droite. Dans ces conditions, les basses cartes glissent plus facilement que les figures.

En voici la raison :

Pour lustrer le coloris des cartes, on emploie de la gomme. Or, cette substance, étant très-hygrométrique, s'humidifie facilement et devient un peu gluante. Dans ce cas, les figures ayant plus de coloris que les basses cartes, présentent plus d'adhérence.

Ce truc est particulièrement employé par les Grecs du grand monde, qui le font avec une perception de tact d'une délicatesse inouïe.

Les Grecs de classe inférieure ont des jeux préparés pour rendre ces effets plus sensibles. Ils ont soin de frotter les figures d'une légère couche de savon, tandis que les basses cartes sont imprégnées de colophane extrêmement fine.

§ IV

LES CARTES HORS D'ÉQUERRE

Je fus un jour chargé par un juge d'instruction de l'examen de jeux de cartes saisis dans un tripot, et dont un grand nombre avait servi au jeu de vingt et un.

Je dus à mon ancienne profession de mécanicien, la découverte du truc à l'aide duquel le banquier, en donnant les cartes, pouvait connaître si celle qu'il prenait sur le dessus du jeu était au-dessus ou au-dessous de dix.

Les figures et les as étaient légèrement coupés

en biais par le haut, de manière à être hors d'é-
querre, comme la figure 20, mais beaucoup moins
que celle-ci.

Fig. 20

Il fallait vraiment un œil exercé pour découvrir
une si faible altération. Elle suffisait au Grec, et
d'après cette indication, il prenait la carte de dessus,
si elle était favorable à son jeu, et, dans le cas contraire, il se saisissait de la suivante par le filage.

Il pouvait également, lorsqu'il complétait son jeu,
s'y tenir ou prendre une carte, selon qu'il le jugeait
convenable à ses intérêts.

§ V

LES CARTES POINTÉES

Le Grec emploie ce truc pour marquer les cartes les plus importantes du jeu.

Avec la pointe d'une épingle un peu émoussée, il pique, au coin et du côté de la peinture, certaines cartes, de manière à produire un petit relief sur le dessus.

Certains Grecs raffinent sur ce procédé : ils dédoublent la corne de la carte, y font la piqûre en dedans et la recollent. De cette façon, il n'existe sur le dessus de la carte qu'une petite aspérité qui, dans le cas où elle serait remarquée, pourrait passer pour un défaut dans le carton.

D'autres, plus fins et plus habiles encore, au lieu de marquer leur point sur le dessus, le font paraître en dessous; de cette façon la marque est complétement dissimulée par la peinture; c'est alors au toucher seulement que la carte est reconnue.

LES CARTES MORFILÉES

C'est en quelque sorte la même tricherie que la précédente, seulement, celle-ci se fait sous les yeux mêmes de la dupe.

Le Grec, chaque fois qu'il lui vient en main une carte qui doit, plus tard, lui être bien favorable, la marque en rabattant avec son ongle, sur le bord, un léger morfil. Cette délicate aspérité peut être facilement appréciée par le toucher d'un Grec.

Il faut dire aussi que ceux d'entre les Grecs qui ont cette tricherie pour spécialité, possèdent une

extrême délicatesse de toucher qu'ils entretiennent
en portant des gants tout le temps qu'ils n'emploient
pas à jouer. Quelques-uns d'entre eux vont même jusqu'à se frotter le bout des doigts sur de la pierre
ponce, ou les trempent dans certains acides qui
donnent à l'épiderme une sensibilité extrême.

§ VII

LES CARTES ONDULÉES

Ces marques se font encore en jouant.

Lorsque le Grec a reconnu quelques cartes qui
peuvent lui convenir pour la tricherie qu'il veut
opérer, il leur fait, dans la corne du bas, à gauche,
un léger pli ou cambrure vers l'intérieur. Cette
altération, si faible qu'elle soit, produit sur la
carte un miroitement que l'œil du Grec saisit au
passage.

Ce truc est employé généralement pour tricher au
piquet. Le Grec marque ainsi les as et une dix-

huitième en une couleur quelconque. Avec certaines
pratiques de prestidigitation que j'ai consignées plus
haut, il sait se distribuer tout ou partie de cette série, contre laquelle aucun jeu de l'adversaire ne
saurait lutter.

§ VIII

CARTES TAROTÉES

Il est bien rare que parmi les tarots dont les cartes sont ornées, le dessin qu'ils représentent soit identiquement à la même place.

Pour peu qu'on y prête un peu d'attention, on remarque que ces figures ne sont pas toujours à la même distance du bord de la carte.

Le fabricant et le consommateur honnêtes ne tirent aucune conséquence de cette particularité ; mais le Grec en fait son profit, et se sert de cette ornementation irrégulière pour tricher.

A la troisième ou à la quatrième partie, il est en mesure, par ce moyen, de reconnaître un certain nombre de cartes.

Celui qui se livre à cette tricherie fabrique aussi souvent lui-même ses jeux de cartes, et dispose à son gré la place de son tarot.

Supposons, par exemple, que ce tarot soit représenté par une série de losanges superposés les uns aux autres ; le Grec s'arrange de façon que la figure de ce tarot, étant placée près du bord de la carte, soit entière pour l'as ; puis, par son rapprochement vers le bord, coupé au quart pour le roi ; à moitié, pour la dame, et aux trois quarts, pour le valet.

Que sur le bord supérieur de la carte, le losange, par de semblables altérations, représente pique, cœur, trèfle ou carreau, et il aura marqué les principales cartes d'un jeu de piquet.

Le hasard seul semble avoir produit ces bizarres dispositions, et personne n'a le droit d'y trouver aucune frelaterie.

LES CARTES MARQUÉES

Voici un truc qui ne le cède en rien aux abréviations les plus raffinées de la sténographie, puisqu'à l'aide d'un seul point, on peut reconnaître l'une des trente-deux cartes d'un jeu de piquet.

Supposons un tarot formé de points ou de toutes autres figures rangées symétriquement comme le sont d'ordinaire ces genres de dessin. Voyez pour exemple la figure 21.

Le premier gros point en partant du haut de la carte, à gauche, représentera du cœur ; le second,

en descendant, du carreau ; le troisième, du trèfle ;
le quatrième, du pique.

Si maintenant, à l'un de ces points, qui sont naturellement placés par le dessin du tarot, on ajoute
un autre petit point, il désignera la nature de la
carte.

Fig. 21

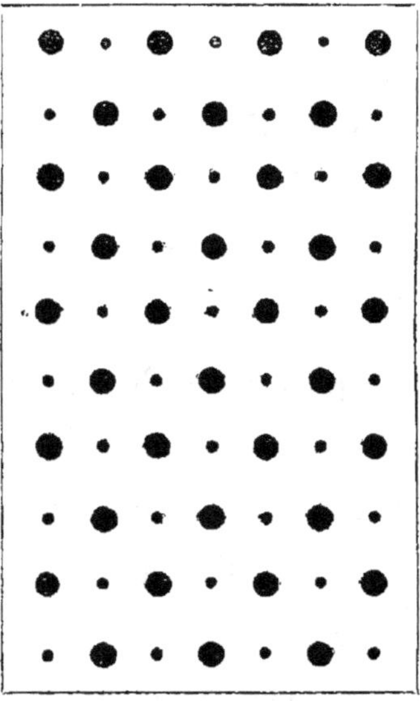

Ce point devra se placer à l'une des divisions
marquées dans la figure 22 ci-dessous ; il représentera, au point culminant, un as ; en tournant à

droite, un roi ; le troisième point sera une dame ;
le quatrième, un valet, et ainsi de suite en suivant
jusqu'au sept.

Fig. 22

Il est bien entendu qu'il ne faut qu'un seul point
comme dans la figure 21, où celui qui est joint au
troisième point, représentera, d'après le principe
que je viens d'énoncer, un huit de trèfle.

D'après l'explication que je viens de donner, le
lecteur, j'en suis sûr, a déjà pris son parti sur les
cartes tarotées.

— Puisqu'il peut en être ainsi, se dira-t-il, je ne
jouerai plus qu'avec des cartes blanches et j'éviterai
d'être trompé.

Malheureusement, les cartes blanches peuvent
aussi bien prêter à l'escroquerie que les autres. Je
l'ai déjà fait voir en parlant des cartes teintées ; en
voici encore une preuve :

Dans l'année 1849, M. B..., juge d'instruction au
tribunal de la Seine, me pria de m'occuper de l'exa-

men et de la vérification de cent cinquante jeux de cartes saisis en la possession d'un homme dont les antécédents étaient loin d'être aussi blancs que ses jeux.

Ces cartes étaient, en effet, toutes blanches, et cette particularité avait dérouté jusqu'alors les plus minutieuses investigations.

Il était impossible à l'œil le plus exercé d'y découvrir la moindre altération, la plus petite marque, et elles semblaient toutes posséder les qualités des jeux du meilleur aloi.

Je passai près d'une quinzaine de jours, examinant, tant avec mes yeux qu'avec une excellente loupe, la matière, la forme et les imperceptibles nuances de chacune des cartes des cent cinquante jeux. Je ne pouvais rien découvrir, et, de guerre lasse, je finis par me ranger de l'avis des experts qui m'avaient précédé.

— Décidément, il n'y a rien à ces jeux, dis-je avec humeur, en les jetant, un soir, loin de moi sur la table.

Tout à coup, sur le dos brillant d'une des cartes, et près d'un de ses angles, je crois apercevoir un point mat qui m'avait échappé jusqu'alors. Je m'en approche ; le point disparaît. Mais, chose étrange ! il reparaît à mes yeux dès que j'en suis éloigné.

— Quel bonheur ! m'écriai-je dans l'enthousiasme d'une idée qui me traversait l'esprit. J'y suis ! c'est bien cela ! c'est une marque distinctive.

Et, suivant certain principe usité dans la grecquerie, je m'assurai que toutes les cartes portaient également un point qui, placé à un endroit déterminé, en indiquait la nature et la couleur.

Voici le procédé :

Il faut supposer par estimation la carte divisée en huit parties dans le sens vertical, et en quatre dans le sens horizontal, comme dans la figure 23. Les unes indiqueront la valeur des cartes, les autres leur couleur. La marque se place au point d'intersection de ces divisions. Voilà tout le procédé ; l'exercice fait le reste.

Quant au procédé à employer pour imprimer le point mystérieux dont j'ai parlé plus haut, on me permettra de ne pas l'indiquer, car mon but, je l'ai déjà dit, est de signaler une fourberie et non d'enseigner à la faire. Il suffira de dire que, vu de près, ce point se confond avec le blanc de la carte, et qu'à distance, la réflexion de la lumière rend la carte brillante, tandis que la marque seule reste mate.

Fig. 23

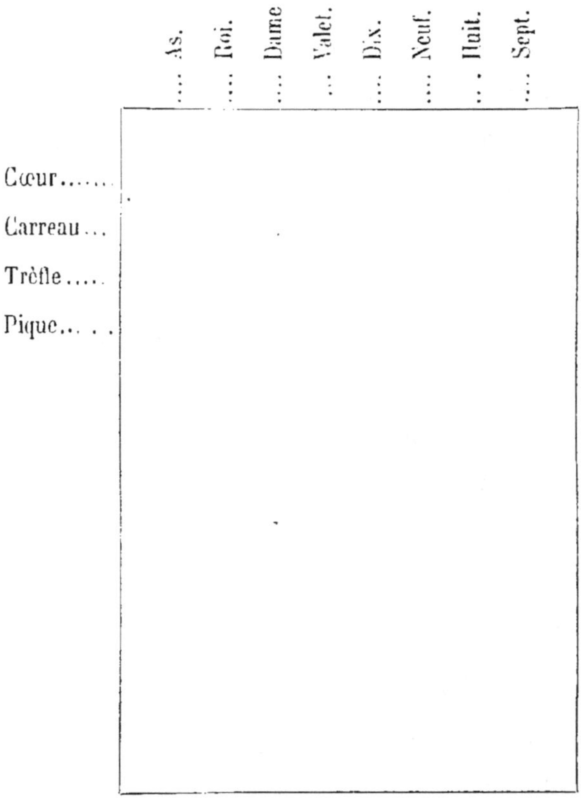

	As.	Roi.	Dame	Valet.	Dix.	Neuf.	Huit.	Sept.
Cœur......								
Carreau...								
Trèfle.....								
Pique.... ..								

Au premier abord, il semblera peut-être assez difficile de pouvoir se rendre compte de la division à laquelle appartient un point isolé sur le dos d'une carte. Cependant, pour peu qu'on veuille y prêter attention, on pourra juger que celui que j'ai mis pour exemple dans la carte représentée figure 23, ne peut appartenir ni à la seconde ni à la quatrième division verticale, et par un raisonnement analogue, on comprendra que ce même point se trouve en regard de la deuxième division horizontale.

Il représentera donc une dame de carreau.

On doit se figurer qu'un Grec, avec ces jeux, joue, je ne dirai pas son honneur, mais sa liberté contre la fortune ; et que, en raison de l'importance de l'enjeu, il doit avoir fait des études sérieuses dans un art sur lequel repose tout son avenir.

LE CHAPELET

Le chapelet est un ordre de cartes rangées selon certains mots d'une phrase que l'on retient par cœur. Autrement dit, c'est un procédé de mnémonique pour tricher au jeu.

Il y a des chapelets plus ou moins ingénieux; les meilleurs sont ceux qui présentent à l'esprit un sens, une pensée ou seulement, encore, une combinaison agréable.

Un des plus anciens chapelets est celui formé de deux vers latins, dont chaque mot peut indiquer l'une des cinquante-deux cartes d'un jeu complet. Le voici :

> Unus, quinque, novem, famulus, sex, quatuor, duo,
> Rex, septem, octo, fœmina, trina, decem.

Ce qui se traduit ainsi :

> As, cinq, neuf, valet, six, quatre, deux,
> Roi, sept, huit, dame, trois, dix.

Ces treize cartes sont, en outre, rangées dans un ordre de couleur, tel que : pique, cœur, trèfle, carreau, ainsi qu'il suit :

1º *Unus* (as) de pique,
2º *Quinque* (cinq) de cœur,
3º *Novem* (neuf) de trèfle,
4º *Famulus* (valet) de carreau,
5º *Sex* (six) de pique,

et ainsi de suite, en suivant l'ordre du chapelet et des couleurs jusqu'à la dernière.

Voici maintenant une phrase ou chapelet pour le jeu de trente-deux cartes, dit jeu de piquet :

Le Roi dix-huit ne valait pas ses dames.

Ce qui signifie :

Le roi, dix, huit, neuf, valet, as, sept, dame.

Ainsi que dans l'exemple précédent, les cartes sont classées dans l'ordre des couleurs indiquées ci-dessus. Seulement, à la fin du chapelet, après la dame, au lieu de mettre la couleur qui suit pour le roi qui vient après, on fait en sorte que le roi et la dame soient de même couleur. Sans cette précaution, il faudrait quatre rois de pique, quatre dix de cœur, etc. L'exemple suivant fera comprendre cet arrangement.

Disposition d'un chapelet de trente-deux cartes.

1° Le roi de pique,	5° Valet de pique,
2° Dix de cœur,	6° As de cœur.
3° Huit de trèfle,	7° Sept de trèfle,
4° Neuf de carreau,	8° Dame de carreau,

9° Roi de carreau,	21° Valet de trèfle,
10° Dix de pique,	22° As de carreau,
11° Huit de cœur,	23° Sept de pique,
12° Neuf de trèfle,	24° Dame de cœur,
13° Valet de carreau,	25° Roi de cœur,
14° As de pique,	26° Dix de trèfle,
15° Sept de cœur,	27° Huit de carreau,
15° Dame de trèfle,	28° Neuf de pique,
17° Roi de trèfle,	29° Valet de cœur,
18° Dix de carreau,	30° As de trèfle,
19° Huit de pique,	31° Sept de carreau,
20° Neuf de cœur,	32° Dame de pique.

Il est à remarquer que pour ces sortes de dispositions, la coupe, quelque répétée qu'elle soit, ne change aucunement l'ordre des cartes.

Lorsqu'un Grec a substitué un jeu à chapelet à un autre, et qu'il a su faire un faux mélange qui n'en dérange pas l'ordre, il peut connaître facilement toutes les cartes de son adversaire par celles qu'il a dans la main.

Ainsi, par exemple, à l'écarté, s'il a dans son jeu :

Le huit de cœur,

Le neuf de trèfle,

La dame de trèfle,

Le roi de trèfle,

Le dix de carreau,

il saura que son adversaire a :

Le roi de carreau,

Le dix de pique,

Le valet de carreau,

L'as de pique,

Le sept de cœur.

La retourne sera le huit de pique ; et, connaissant toutes les cartes qui suivent celle-là, il pourra demander ou s'y tenir, selon qu'il le jugera à propos.

C'est au Vingt et un, au Baccarat et au Lansquenet que cette tricherie est la plus dangereuse comme aussi la plus facile. Les jeux sont changés à l'avance, et bien qu'on les mêle réellement, il se passe beaucoup de temps avant qu'ils aient perdu complétement leur ordre ; quelques cartes se trouvent dérangées, mais le Grec peut compter longtemps sur la connaissance de la carte qui va venir par celle qui précède.

X

LA BAGUE A MARQUER

Le Grec pousse quelquefois la tricherie jusqu'à l'art ; l'instrument que je vais décrire en est la preuve. Si ce bijou n'avait pas été imaginé dans un but coupable, on serait tenté de l'admirer.

La bague représentée par la figure 24 porte le nom de *trépan* ; elle est creuse et forme un réservoir que l'on emplit d'une encre très-limpide. Cette liqueur tendrait à s'écouler par une ouverture qui est pratiquée dans la pointe A, si celle-ci, en raison de sa capillarité, ne retenait le liquide à son embouchure. C'est une sorte de plume à réservoir.

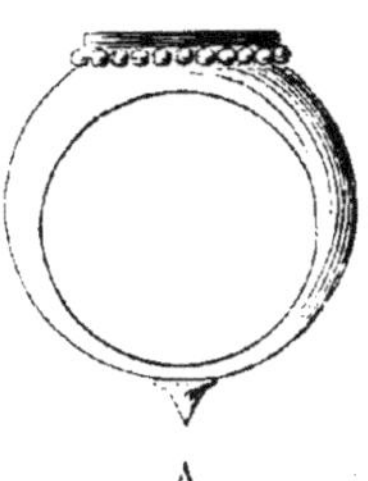

Fig. 24

Or, comme cette pointe se trouve cachée dans l'intérieur de la main, le Grec peut dans un moment convenable marquer certaines cartes d'un point imperceptible, et cela sous les yeux de son adversaire.

Ces points, d'après leurs divers emplacements, peuvent, ainsi que je l'ai précédemment expliqué, indiquer la nature des cartes.

Le Grec se sert encore de cet instrument pour tricher au jeu de domino. Dans ce cas, la bague est massive, et l'aspérité qui est à l'intérieur se trouve garnie d'une pointe en acier très-aiguë.

On comprendra facilement que le Grec, soit pendant qu'il tient ses dominos entre les mains, soit lorsqu'il les remue sur la table, peut leur imprimer un point ou un trait dont la disposition les lui fera reconnaître.

Il est bon de dire que la pointe de cette bague, si fine qu'elle soit, est émoussée de manière à ne former sur les dominos que des marques polies et légères qui ne peuvent éveiller de soupçons.

Il ne faut rien moins que l'œil exercé du Grec pour *distinguer* de si faibles marques.

XI

LA TABATIÈRE

Puisque j'en suis aux objets *d'art*, en voici encore un qui a bien aussi son *mérite*.

On aura de la peine à croire qu'une tabatière puisse devenir un instrument de tricherie ; pourtant rien n'est plus vrai.

Le Grec, en se mettant au jeu, dépose sans affectation, sur la table, une tabatière, sur le dessus de laquelle est un petit médaillon, de la grandeur d'une pièce de un franc, renfermant une miniature. C'est un portrait de femme exécuté avec beaucoup d'art.

Les yeux des joueurs se portent tout naturellement sur cet objet, et quelquefois même il arrive qu'on le prend en main pour l'examiner et le faire admirer à son voisinage.

Lorsque la partie est engagée, le Grec prend une prise de tabac; ce qui lui donne l'occasion de rapprocher sa tabatière en la déposant devant lui.

Mais, dans le même temps, il a pressé un ressort invisible qui substitue à la miniature une petite glace convexe, dont il tire un grand parti pour la tricherie.

En effet, lorsque le Grec est en main, comme ce miroir se trouve sous les cartes qu'il donne à ses adversaires, celles-ci s'y réfléchissent et viennent se peindre dans ses yeux.

De temps à autre, le Grec fait revenir le médaillon et offre une prise de tabac à ses victimes.

XII

APPLICATION DES PRINCIPES PRÉCÉDENTS

COUPS DE TRICHERIE

Disposition des jeux.

Il est un fait certain, c'est qu'un Grec habile peut, à l'aide des principes que je viens de signaler, gagner à tous les jeux, en se donnant en main les cartes qui peuvent lui être favorables.

Mais il ne faut pas croire que messieurs les *Athéniens* soient assez maladroits pour présenter leurs tricheries sous forme de prestidigitation. Ils seraient bientôt découverts.

Ces intelligents escrocs ménagent leurs ressources

et marchent avec prudence ; ils ne se donnent généralement que ce que l'on appelle un jeu de règle, et leur habileté jointe à cette légère influence suffit pour leur assurer les faveurs de la fortune.

Le plus souvent aussi, le Grec modifie l'emploi de ses ruses selon les circonstances. Plus il est habile au jeu, moins il lui est nécessaire de s'aider de la tricherie. A-t-il affaire à un maladroit, et reconnaît-il sa supériorité sur son adversaire ; il joue alors franc jeu et garde ses perfidies pour une autre occasion. Toutefois, comme il arrive souvent que le sort se plaît à justifier le proverbe populaire : *Aux innocents les mains pleines,* notre escroc se tient sur la défensive contre le sort, et se trouve prêt à lui décocher la meilleure de ses fourberies.

Il est impossible par ces raisons, de donner une description exacte de l'organisation du jeu d'un Grec ; mais, comme je tiens à édifier le lecteur sur sa coupable adresse, je vais présenter pour exemple une de ces tricheries *de haute école,* comme on dit au Cirque olympique. C'est le plus grand coup qu'il soit possible de faire au piquet.

Dans cette tricherie, dont la disposition se fait sous les yeux mêmes de l'adversaire et sans aucune préparation préalable, le Grec peut gagner la partie du premier coup par cent soixante-trois points [1].

En lisant les détails qui vont suivre, on verra les différentes manipulations qui servent de base à toute organisation de tricherie au jeu de cartes, et l'on en tirera, je l'espère, cet enseignement, but réel de cet ouvrage : qu'il est dangereux de confier de fortes sommes à des chances qui peuvent être si facilement influencées.

[1] On peut faire aussi jusqu'à deux cents points, en ayant en main les quatre tierces majeures ; mais la moindre quatrième, dans le jeu de l'adversaire, fût-elle même au dix, détruit une partie des avantages.

§ 1er

COUP DE PIQUET

Où l'on fait repic et capot son adversaire.

Ce coup de piquet date du siècle dernier ; il a été imaginé par l'escamoteur Comus, qui l'exécutait très-habilement, bien qu'ayant les yeux bandés.

C'est de cette intéressante partie qu'ont été tirés tous les coups de piquet exécutés depuis par les prestidigitateurs comme expérience récréative ; je la décrirai sous forme de préambule pour faciliter l'intelligence du coup dont j'ai parlé au précédent chapitre.

En prenant le jeu, l'escamoteur, par une feinte

maladresse, brouillait les cartes de manière qu'un grand nombre fussent tournées figure contre figure. Cela lui donnait l'occasion de retourner les cartes, et, sous prétexte de les remettre en ordre, il choisissait et plaçait sous le jeu une dix-huitième quelconque, un roi et trois as.

Une fois en possession de ces douze cartes, il en pliait l'angle d'un seul coup de main, ce qui leur laissait une cambrure qu'il pouvait facilement apprécier (Voyez § 7, chapitre IX).

Il donnait alors à méler à son adversaire.

Pendant que l'on mêlait, il se faisait bander les yeux avec un mouchoir, précaution qui ne l'empêchait pas de voir par les interstices que laisse la proéminence du nez.

Il reprenait ensuite le jeu, et, tout en simulant un mélange, il savait retrouver les cartes marquées et les mettre aux endroits nécessaires pour le gain de la partie, ainsi qu'il sera expliqué dans le paragraphe suivant.

Quelques prestidigitateurs, au lieu de faire un pli aux cartes, se contentent, tout en feuilletant le jeu avec une apparente indifférence, de faire passer sous le dessous les douze cartes désignées ci-dessus, et de les placer ensuite dans un ordre voulu en exécutant un faux mélange.

§ II

COUP DE PIQUET

Où l'on fait repic et capot son adversaire, bien que les cartes aient été mêlées par lui dans un coup précédent.

Je m'adresse à des personnes connaissant le piquet; je n'ai donc pas besoin d'entrer dans aucun détail sur cette partie.

Il faut que le Grec, tout en jouant un premier coup, accapare une seizième majeure, un quatorze d'as et un quatorze de rois, que nous représenterons ainsi :

1° As de pique,	7° As de cœur,
2° Roi de pique,	8° As de carreau,
3° Dame de pique,	9° As de trèfle,
4° Valet de pique,	10° Roi de cœur,
5° Dix de pique,	11° Roi de carreau,
6° Neuf de pique,	12° Roi de trèfle.

Il faut, en outre, que ce soit l'adversaire qui ait la main au début de la partie, puisque c'est en jouant le premier coup que le tri des douze cartes doit se faire.

Voici comment s'exécutent ces difficiles opérations.

Il est d'usage avant une partie que chacun des joueurs coupe le jeu afin de voir qui fera.

Le Grec, en mêlant les cartes, a, d'un coup d'œil rapide, cherché un as qu'il a fait passer sous le jeu, et, mettant à profit le principe que j'ai indiqué § 5, figure 9, chapitre 1er, il fait le pont.

— Voyons, dit-il en mettant le jeu sur la table, à qui fera ?

Il coupe le premier dans le pont où se trouve l'as, et comme il est bien rare que l'adversaire ait une carte aussi haute.

— A moi à commander, dit-il, faites, je vous prie, nous jouons en cent cinquante.

Le premier coup est insignifiant : le Grec laisse au hasard le soin de la distribution des cartes; il est sûr que son adversaire ne gagnera pas la partie du premier coup, il ne s'occupe donc que du soin de s'emparer des cartes citées plus haut.

Douze cartes lui sont distribuées par son adversaire, et cinq autres lui sont encore réservées au talon.

Il est probable que sur ces dix-sept cartes, il devra s'en trouver un certain nombre de celles désignées dans le tableau précédent.

Or, il doit éviter à tout prix de laisser passer ces cartes entre les mains de son adversaire, et les garder près de lui pour le coup suivant.

En conséquence, il fait son écart avec celles d'entre ces cartes qu'il craint de se voir prendre. Il en fait sur sa droite un petit tas, sur lequel il placera successivement et sans affectation les as, Rois et piques qu'il pourra enlever à son adversaire.

Supposons que, le coup terminé, il n'ait ramassé que six de ces cartes; voici le moyen qu'il emploiera pour prendre les six autres dans le reste du jeu.

Pendant le coup, il a laissé avec intention sur la table les levées qu'il a faites, les figures en l'air, et, comme c'est à lui à faire, il retourne celles de son adversaire dans ce sens.

Profitant du moment où celui-ci marque ses points, il choisit, en relevant le jeu, les cartes qui lui manquent, et les place en dessous avec celles qu'il a déjà conservées.

Si mon lecteur n'est pas familiarisé avec les tours de cartes, il devra trouver sans doute cette organisation longue et difficile : il n'en est rien.

Cette longueur apparente tient à ce qu'en prestidigitation, il faut de longues explications pour faire comprendre une opération très-courte. Mais là n'est pas la question; mon seul désir est de me faire comprendre, et c'est dans ce but que je me suis autant étendu sur cette manipulation.

Le Grec ayant, en un clin d'œil, placé sous le jeu les douze cartes qui doivent le faire gagner, les met ainsi à la place qu'elles doivent occuper pour qu'elles lui reviennent dans la distribution.

Tout en simulant un mélange, il fait successivement passer sur le jeu :

1° Trois cartes du dessous,
2° Trois cartes indifférentes prises dans le milieu du jeu,
3° Trois cartes du dessous,

4º Trois cartes indifférentes,

5º Trois cartes du dessous,

6º Trois cartes indifférentes.

Après quoi : faux mélange, fausse coupe, et distribution par trois.

On voit que, sur les douze cartes qui ont été mises sous le jeu, neuf ont dû revenir au Grec dans la distribution : les trois dernières lui arrivent par la rentrée.

Il a donc en main :

1º Une seizième en pique,

2º un quatorze d'as,

3º un quatorze de Rois,

avec lesquels il gagne la partie en faisant capot son adversaire.

Ce coup produit cent soixante trois points.

Le tri de cartes et leur organisation que je viens de décrire, est un spécimen de ce qu'on peut oser en tricherie; toutefois, il faut bien se persuader que le Grec, ainsi que je l'ai fait observer déjà, ne se risque jamais à se donner un aussi grand jeu.

Il se contente très-bien d'un quatorze d'as ou de
Rois, et même d'une simple quinte. L'opération du
tri devient alors des plus simples et des plus faciles.

————————

§ III

COUP DE PIQUET

Soustraction et substitution.

Autrefois, il était d'usage au jeu de piquet, lorsqu'on avait terminé la distribution des cartes, de
diviser le talon en deux parts inégales que l'on mettait en croix l'une sur l'autre.

On laisse maintenant ces huit cartes en un seul
lot.

Cette nouvelle disposition donne lieu à une tricherie qui, bien que très-audacieuse, n'en est pas
moins très-difficile à découvrir lorsqu'on n'en a pas
connaissance. Une fois prévenu, c'est tout autre
chose.

Cette fourberie s'exécute ainsi :

Le Grec, en distribuant, a le soin de se donner trois cartes de plus. Il place ensuite avec intention le talon un peu plus près de lui que de son adversaire.

Celui-ci ne peut s'apercevoir de la soustraction, parce qu'il ne s'y attend pas; et puis c'est le moment où tous les joueurs sont très-occupés tant pour le relevé et le classement des cartes que pour l'écart.

Pendant que son adversaire est ainsi occupé, le Grec prend à la hâte les trois plus mauvaises cartes de son jeu, les enlève par le procédé que j'ai indiqué et les dépose sur le talon, en le repoussant comme pour le mettre plus près de son adversaire.

Ce mouvement est si naturel qu'il masque complétement l'artifice.

On comprend tout l'avantage que le Grec peut retirer d'une telle fraude. Non-seulement il s'est débarrassé de trois mauvaises cartes, mais encore il les repasse à son adversaire.

COUP D'ÉCARTÉ

Le roi et la vole

Avant de commencer cet article sur l'écarté, je veux signaler une erreur généralement répandue parmi les joueurs.

On dit, en parlant d'un Grec, dont on veut prouver la coupable habileté : c'est un homme qui retourne le Roi quand bon lui semble.

Qu'on se détrompe : un Grec, s'il est habile, ne commettra jamais cette imprudence. Il sait très-bien qu'en retournant un roi trop souvent, il éveille des soupçons, et ne marque qu'un point ; tandis qu'en le gardant en main, il jouit de l'avantage de le marquer doublement.

De même aussi, l'escroc qui a de l'expérience ne se donnera jamais un jeu aussi complet que celui que je vais décrire, par la raison qu'une telle réunion d'atouts ne manquerait pas d'inspirer sur le joueur des réflexions qui ne seraient pas à son avantage.

Aussi le coup suivant ne doit-il être considéré que comme un exemple d'organisation de tricherie à l'écarté.

Disposition du jeu.

Le Grec, en feuilletant les cartes avec une indifférence apparente, a fait passer lestement sous le jeu une seizième majeure, dont le roi occupe le dessus.

Ceci posé, rien n'est plus facile pour lui que de placer ces cartes de manière qu'elles lui tombent en partage.

Pour cela, tout en simulant un mélange, il fait successivement passer sur le jeu :

1º Quatre cartes de dessous (bonnes),
2º Trois cartes du milieu (mauvaises),

3º Deux cartes du dessous (bonnes).

4º Deux cartes du milieu (mauvaises).

Cette manipulation terminée, il fausse la coupe par un des moyens indiqués chapitre premier, et distribue.

Contrairement à ses principes, il retournera le roi et possédera en main une séquence à la dame d'atout.

§ V

JEU DE RÈGLE

On a vu d'après les coups précédents qu'il s'agit pour le Grec, en commençant la partie, de placer dessus ou dessous le jeu un certain nombre de cartes, qu'il classe ensuite selon l'ordre indiqué par la distribution.

Ce classement s'exécute, ainsi que je l'ai fait observer déjà, en simulant un mélange, et presque toujours au milieu d'une conversation animée sur la manière dont s'est joué le coup précédent.

Le Grec possède cet exercice à un si haut degré

de perfection qu'il le fait d'une manière tout à fait
imperceptible.

J'ai dit aussi qu'il ne s'amusait jamais à faire des
tours de force, et qu'il se contentait de quelques
bonnes cartes, dont son savoir-faire tirait le meilleur
parti.

Dans ce cas, sa manière d'opérer est très-facile ;
la voici dans toute sa simplicité :

Un premier coup vient d'être joué, c'est au Grec
à faire ; il relève les onze cartes qui sont sur le tapis :
c'est l'usage.

Mais en les relevant, il a su, d'un coup de main,
séparer celles qu'il voit d'une même couleur et les
poser sur le talon, tandis qu'il place les autres
dessous.

Supposons que les cartes choisies par lui soient :

1° Le roi de cœur,

2° L'as de cœur,

3° Le dix de cœur,

4° Le sept de cœur.

Pour que la dernière de ces cartes serve de retourne et que les trois autres viennent dans son

jeu, le Grec n'a qu'à mettre sur celles-ci les premières cartes venues pour compléter le nombre onze.

Il le fait facilement en simulant un mélange.

Après quoi, il fausse la coupe, par le pont ou par un des moyens indiqués dans le premier chapitre, et distribue.

Le Grec s'est ainsi donné en main le roi, l'as et le dix de cœur. Quant aux deux autres cartes, il s'en rapporte au hasard pour les lui donner plus ou moins favorables.

Pour conjurer cette fourberie, il faut, lorsqu'on a quelques soupçons sur la moralité de son adversaire, surveiller la relevée des cartes, et s'attacher surtout à remarquer si les cartes qui ont figuré dans un coup précédent ne se représentent pas dans son jeu.

§ VI

LANSQUENET

Dépôt de portées.

Cette tricherie est la plus simple comme aussi la plus dangereuse de toutes celles que je décris dans cet ouvrage ; l'exécution en est malheureusement très-facile.

Il s'agit pour le Grec de poser sur le jeu, au moment où il tient la main, une série de cartes, dite portée, devant lui amener plusieurs refaits.

Ces portées se composent d'une dizaine de cartes, et sont organisées, par exemple, ainsi qu'il suit :

1° Dame,	6° Neuf,
2° Dame,	7° Neuf,
3° Dix,	8° As,
4° Sept,	9° Huit,
5° Dix,	10° As.

Lorsque cette portée est épuisée, le Grec passe la main, cela se comprend de reste.

Voici maintenant comment les portées sont placées sur l'escroc pour qu'il s'en saisisse facilement.

Pour l'intelligence du procédé, je dois dépouiller le Grec de son habit.

Ainsi qu'on le voit dans la figure, deux poches, dites *costières*, sont pratiquées dans le gilet, sur le côté gauche.

Fig. 25

Lorsque le Grec attend son tour pour prendre la main, il s'appuie négligemment sur la table, et, dans cette position, ses doigts se trouvent aussi près que possible de ses portées.

Au moment voulu, il saisit les cartes, les enlève, comme il est dit au chapitre IV, et les pose sur le jeu.

Ce qui rend cette prise de portées invisible, c'est que le Grec a son habit boutonné par le haut, de sorte qu'à la faveur de l'entrebâillement produit par le bas, il introduit sa main qui se trouve complétement masquée.

Certains Grecs sont assez adroits pour enlever du jeu même quelques refaits qu'ils placent dans leurs *costières* pour le coup suivant ; d'autres, enfin, gardent ces refaits habilement cachés dans leur main, pour les déposer en temps opportun sur le paquet de cartes.

Les jeux, de cette façon, ne se trouvent pas augmentés.

§ 1er

OBSERVATION

.

On peut croire, sans doute, que dans les jeux à quatre un Grec ne puisse organiser une tricherie, puisque les cartes qu'il doit distribuer sont ramassées et mêlées par un autre.

Je dois rappeler au lecteur que, dans un certain chapitre de cet ouvrage, je lui ai déjà donné une explication sommaire sur ce sujet ; je vais maintenant la compléter.

Au jeu de la bouillote, par exemple, le Grec s'ad-

joint un compère qu'il place près de lui. Tout en
ramassant et mêlant les cartes, celui-ci organise une
tricherie pour le coup suivant.

La tricherie ne saurait éveiller aucun soupçon,
car ce n'est pas au Grec donnant les cartes que revient le beau jeu c'est au compère.

Ces deux messieurs, du reste, feignent de ne pas
se connaître.

En dehors de cette tricherie, sans qu'on ait besoin
de compère, il y a, pour tous les jeux à quatre,
quantité d'artifices et de ruses qui peuvent être employés par les Grecs, et qui tous sont puisés dans
les principes généraux dont j'ai donné la nomen-
clature.

Autre observation.

J'ai quelquefois entendu dire qu'il était impossible
qu'un Grec pût jamais exercer son industrie dans
les cercles de haute classe, attendu qu'on y est sévèrement observé.

Sans doute que dans ces réunions, le Grec jouant, je suppose à l'écarté, devant une galerie vivement intéressée, ne se hasardera jamais à faire sauter la coupe, filer la carte, etc. Mais n'a-t-il pas d'autres ruses qu'il peut employer sans crainte d'être découvert?

Les cartes *marquées*, par exemple; ne peut-il pas pour cela s'entendre avec une homme de service, avec lequel il partagera ses bénéfices, à la condition de faire passer par ses mains les cartes avant de les livrer aux joueurs?

La télégraphie n'est-elle pas également praticable devant les observations même les plus sévères?

D'ailleurs, ainsi que je l'ai dit au commencement de cet ouvrage, le Grec du grand monde possède une finesse et une intelligence en rapport avec le milieu dans lequel il se trouve; et lorsqu'il se décide à tricher, il le fait dans d'excellentes conditions de réussite; s'il ne hasarde pas la prestidigitation devant une galerie, il sait très-bien s'en servir dans les parties isolées et près des joueurs dont il a analysé la perspicacité.

Loin de moi pourtant la pensée qu'il y ait des fripons partout où l'on joue ; je crois, au contraire, qu'il existe certains cercles, certaines sociétés qui n'ont jamais compté dans leur sein que des honnêtes gens. Mais est-ce une raison pour que tôt ou tard un Grec ne puisse s'y introduire et y exercer impunément ses coupables manœuvres ?

XIII

TRICHERIES RÉCRÉATIVES

J'ai donné dans le chapitre précédent des exemples de coups sérieux exécutés par les Grecs. Je vais maintenant présenter au lecteur une série de tricheries que j'appellerai Récréatives, parce qu'elles sont disposées de façon qu'un prestidigitateur, tout en amusant le spectateur, lui démontre avec quelle facilité on peut le rendre dupe à tous les jeux.

Reportons-nous au coup de piquet précédent, que nous allons jouer d'une façon plus plaisante.

Le prestidigitateur a eu en main, avons-nous dit :

1º Une seizième en pique,

2º Un quatorze d'as,

3º Un quatorze de rois.

L'adversaire est le premier en cartes ; c'est à lui à parler : il annonce une seizième à la dame : car, ayant pu viser à cette séquence dans trois couleurs, il est probable qu'il en aura réussi une.

— Six cartes, dit-il.

— Combien valent-elles ?

— Cinquante-quatre.

— Ça ne vaut pas. C'est tout ce que vous avez à déclarer ?

— Oui, car il est probable que mes trois dames ne doivent rien valoir.

— En effet !

Vous étalez alors sur la table votre seizième majeure et vous dites : seize et six vingt-deux, et quatorze de rois (vous les montrez) quatre-vingt-seize, et quatorze d'as cent dix. Ces deux quatorzes ont été conservés dans la main gauche.

Ici je dois ouvrir une parenthèse pour donner une explication nécessaire à l'intelligence de ce qui va suivre. Tout en continuant l'exposition et le compte de ce coup de piquet, nous préparerons secrètement un coup d'écarté que nous exécuterons après cette partie.

Reprenons le compte où nous l'avons laissé : cent dix points, avons-nous dit ; cent onze, dites-vous en prenant le neuf de pique de votre seizième pour le mettre à côté, cent douze, en mettant le dix dessus, et, continuant à compter, vous agissez de même pour les quatre autres cartes, avec cette différence que, lorsque vous êtes au roi, vous posez l'as avant lui, afin qu'il se trouve le dernier du paquet.

En terminant votre compte, vous mettez sur ces six cartes les trois rois et les trois as, ce qui conduit à cent vingt-trois, lesquels ajoutés à quarante de capot font cent soixante-trois.

Le jeu ne s'étant pas engagé, les cartes n'ont pas été mêlées, il est donc très-facile, avec le petit travail préparatoire que je viens d'indiquer, d'organiser le coup suivant.

L'ÉCARTÉ

Plaisante partie d'écarté.

D'après les dispositions des cartes indiquées dans le coup précédent, vous avez en main six piques, trois rois et trois as, que vous mettez sur le jeu.

Puis, avec une apparente indifférence, vous prenez les trois cartes de votre écart que vous avez laissées près de vous, et vous les placez sous les deux premières cartes; enfin, par un faux mélange, vous faites passer sur le dessus deux des cartes du dessous du jeu.

Cette organisation vous donne la disposition suivante :

Deux cartes indifférentes,

Deux piques,

Trois cartes indifférentes,

Quatre piques, dont un roi qui doit servir de retourne.

Viennent après les trois rois et les trois as.

La manipulation de cartes indiquée ci-dessus s'est faite tout en causant et sans intention déclarée de continuer à jouer.

Alors vous posez le jeu sur la table.

— Vous voyez, dites-vous, le danger qu'il y a de jouer aux cartes. Un Grec n'en ferait pas une plaisanterie, et, avec de pareils moyens, mettrait facilement votre bourse à sec. Voyons ! connaissez-vous un autre jeu à deux ? L'écarté par exemple.

— Oui, monsieur.

— Eh bien ! jouons une partie d'écarté.

On se saisit du jeu tout préparé ; on fait un faux mélange, une fausse coupe, et l'on distribue les cartes.

— Je vais retourner le roi, dites-vous, le voici ; et j'ai la main pleine d'atouts.

Vous jetez alors successivement les cinq cartes sur la table, en disant atout, atout, etc.

---

§ II

Continuation de la partie. — Autre coup plaisant.

— La vole et le roi, je marque trois points; à vous à faire (on présente les cartes à son adversaire), et en même temps on enlève cinq ou six cartes que l'on tient cachées dans sa main, selon le principe indiqué chapitre III, figure 13.

L'adversaire mêle les cartes, et pour qu'il ne s'aperçoive pas de la diminution du jeu, on le distrait par une conversation animée, dans le genre de celle-ci :

— Avez-vous, monsieur. des dispositions pour la prestidigitation ?

— Je ne le crois pas.

— Tant pis, car je vous aurais montré ce coup.

— Montrez-le-moi tout de même.

— Volontiers! mais, avant, il faudra vous exercer pendant un an à faire sauter la coupe, etc., etc.

Votre vis-à-vis donne ensuite à couper et distribue.

En relevant les cartes qu'il vous donne, vous posez dessus celles que vous avez enlevées, en ayant soin de tenir toutes ces cartes un instant serrées les unes contre les autres.

— Ah çà! monsieur, dites-vous, à quel jeu jouons-nous?

— Mais à l'écarté, ce me semble.

— Comment! à l'écarté? pourquoi donc alors me donnez-vous un aussi grand nombre de cartes? (On étale toutes les cartes à côté les unes des autres).

— *Qui mal donne perd la main*, dites-vous encore, en jetant un coup d'œil rapide sur les cartes que vous venez d'étaler.

Vous avez remarqué dans ces onze ou douze cartes la couleur dominante, que je supposerai être du cœur; vous en choisissez quatre; et comme parmi ces cartes se trouvent, on doit se le rappeler, les trois rois et les trois as, vous joignez, le roi et l'as de cœur à ces quatre cartes, vous faites passer le tout sous le jeu.

Ensuite, par une manipulation semblable à celle indiquée pour le coup de piquet, vous placez sur le jeu, tout en simulant un faux mélange :

1º Quatre cartes du dessous.

2º Trois cartes indifférentes du milieu,

3º Deux cartes du dessous,

4º Deux cartes indifférentes.

Le jeu doit alors se trouver ainsi organisé :
Onze cartes préparées, savoir :

1º Deux fausses cartes,

2º Deux cœurs,

3º Trois fausses cartes,

4º Trois cœurs,

5º Un cœur pour la retourne.

Vous faites un faux mélange, puis une fausse coupe, et vous distribuez les cartes.

— J'ai retourné tout à l'heure le roi, dites-vous en terminant la distribution des cartes ; cette fois je le garde dans mon jeu.

On le marque et on fait le point, ce qui fait gagner la partie.

§ III

COUP D'ÉCARTÉ

Dans lequel on fait gagner son adversaire

Ainsi que je l'ai expliqué plus haut, tout en feuilletant le jeu, vous choisissez une seizième majeure, en quelque couleur que ce soit, que vous placez sous le jeu, et que vous faites ensuite passer successivement dessus dans l'ordre suivant :

1º Une carte du dessous,

2º Trois fausses cartes du milieu,

3º Trois cartes du dessous,

4º Deux fausses cartes du milieu,

5º Deux cartes du dessous.

Faux mélange et fausse coupe. On distribue d'abord par deux, ensuite par trois.

Dans l'organisation de vos cartes, le Roi ne doit pas être placé pour faire retourne.

§ IV

COUP D'ÉCARTÉ

Dans lequel l'adversaire perd un pari qu'il a proposé à coup sûr en voyant
une partie du jeu du donneur.

Mettez sur le jeu onze cartes, savoir :

1° La dame de cœur,	7° Le roi de carreau,
2° L'as de cœur,	8° Le sept de cœur,
3° Le roi de cœur,	9° Le sept de trèfle,
4° Le valet de cœur,	10° Le sept de pique,
5° Le dix de cœur,	11° Le huit de cœur.
6° Le neuf de cœur,	

Faites ensuite un faux mélange, une fausse coupe
et une distribution par deux et par trois.

Voici quelle sera la répartition des jeux.

LE DONNEUR	L'ADVERSAIRE
Roi de cœur,	Dame de cœur,
Valet de cœur,	As de cœur,
Sept de cœur,	Dix de cœur,
Sept de pique,	Neuf de cœur,
Sept de trèfle.	Roi de carreau.

Retourne, huit de cœur.

— Oh, mon Dieu! dites-vous, en étalant sur la table les trois sept de votre jeu, quelles vilaines cartes! Vous avez soin toutefois de ne pas montrer le roi et le valet de cœur.

— Cependant, ajoutez-vous, j'ai tant de chance qu'il ne me serait pas impossible avec ce jeu de gagner la partie.

Il est certain que l'adversaire avec un aussi beau jeu que le sien, donnera dans le piége et pariera qu'il fera le point. Il joue alors *d'autorité;* mais quelle que soit sa manière de conduire son jeu, il ne peut éviter de perdre trois points sur ce coup; car deux de ses atouts doivent tomber sur vos deux basses cartes, et votre sept d'atout pouvant parer à l'attaque du roi de carreau, vous avez en main, pour terminer la partie, ce que l'on appelle vulgairement la *fourchette.*

§ V

LE BACCARAT

Partie de baccarat fructueuse pour le banquier.

On place sous le jeu seize cartes dans l'ordre suivant :

1° Un neuf,	9° Un huit,
2° Une figure,	10° Un as,
3° Un neuf,	11° Un huit,
4° Une figure,	12° Un as,
5° Un neuf,	13° Un huit,
6° Une figure,	14° Un as,
7° Un neuf,	15° Un huit,
8° Une figure.	16° Un as.

Classement.

Faites passer successivement sur le jeu seize fois de suite.

1º La dernière carte,
2º Deux fausses cartes,
3º La dernière,
4º Deux fausses, et ainsi de suite.

Fausse coupe et distribution par une.

Le banquier aura d'emblée à chaque coup, 9 ou 19, et l'emportera ainsi sur les pontes de droite et de gauche.

Cette démonstration de tricherie récréative au baccarat n'est donnée ici que comme spécimen. On doit croire qu'un Grec n'oserait pas gagner un aussi grand nombre de fois, et surtout par des coups d'emblée.

§ VI

IMPÉRIALE

Placez sous le jeu treize cartes, savoir :

1° Trois rois,

2° Trois dames.

3° Une seizième majeure en cœur,

4° Un sept de cœur (pour retourne).

Classement.

Faites passer successivement sur le jeu :

1° Les quatre dernières cartes,

2° Trois cartes fausses,

3º Les trois dernières,
4º Trois fausses,
5º Les trois dernières,
6º Trois fausses,
7º Les trois dernières,
8º Trois fausses.

Après quoi, fausse coupe et distribution par trois.
Le donneur aura en main

1º Une impériale de rois,
2º Une impériale de dames,
3º Une impériale pour la seizième.

Et lorsqu'il aura terminé le coup, il aura de plus deux autres impériales pour les douze levées. Ce qui lui assurera le gain de la partie.

§ VII

LE WHIST

On met sur le jeu treize cartes d'une même couleur, et, pour le classement par faux mélange, on procède par l'opération suivante :

1º Ayant pris les treize cartes dans la main droite, faites-en glisser la dernière sur le paquet des quarante-neuf autres que vous tenez dans la main gauche ;

2º Placez tout aussitôt cette carte avec les trois suivantes sur le paquet de la main droite ;

3º Faites encore glisser la dernière de ce paquet

sur celui de la main gauche, et procédez comme précédemment pour la faire passer avec les trois autres sur le dessus du jeu.

Continuez ainsi jusqu'à épuisement du paquet de la main gauche.

Ce faux mélange est d'une parfaite illusion.

Fausse coupe et distribution.

Avec treize atouts en main, le donneur doit immanquablement faire le chélem.

---

§ VIII

PARTIE DE WHIST

Dans laquelle chaque joueur a treize cartes d'une même couleur, ce qui n'empêche pas le donneur de faire le *chélem*. (Mystification.)

Toutes les cartes devront être classées par pique, cœur, trèfle, carreau, sans avoir besoin de faire une distinction d'ordre dans leur valeur.

Faites un faux mélange, et donnez à couper sans crainte de voir la combinaison dérangée.

La distribution se fait une par une.

Après la distribution, chacun aura une séquence de treize cartes. Seulement celle du donneur aura l'avantage d'être en atout.

LA BOUILLOTTE

Un brelan carré.

Mettez sous le jeu quatre cartes pareilles, autrement dit un brelan carré.

Puis, pour le classement, faites passer successi-
sur le jeu :

1º Les deux dernières cartes,
2º Trois fausses,
3º La dernière,
4º Trois fausses,
5º La dernière,
6º Trois fausses.

Faux mélange, fausse coupe et distribution.

On a brelan carré en main, tandis que les adversaires n'ont que ce que le hasard leur a donné ; ce qui, dans aucun cas, ne peut valoir votre jeu.

§ X

PARTIE DE BOUILLOTTE

Où l'on gagne ses adversaires après les avoir forcés de relancer.

Mettez sous le jeu treize cartes, savoir :

1º Quatre neuf,
2º Trois dames,
3º Trois rois,
4º Trois as.

Faites ensuite passer successivement sur le jeu :

1º Les deux dernières cartes,
2º La troisième, la sixième et la neuvième avant-
dernière.

3º La dernière,

4º La deuxième, la quatrième et la sixième avant-
dernière,

5º Les quatre dernières.

Faux mélange, fausse coupe et distribution.

Chaque joueur possède un brelan qui lui donne l'espoir presque certain de gagner.

Il n'est donc pas étonnant que chacun relance à son tour; mais comme le donneur a brelan carré c'est lui qui l'emporte sur ses adversaires.

BEZIGUE

Curieuse partie de bezigue dans laquelle, avec un seul jeu de trente-deux cartes, on fait du premier coup cinq cent trente deux points, sans que l'adversaire ait pu en marquer un seul.

Cette partie est très-amusante et mérite qu'on en donne la mise en scène. C'est ce que nous ferons après que la coupe aura eu lieu.

Mettez sous le dessous du jeu dix-sept cartes dans l'ordre suivant :

1° Dix de cœur,	10° As de pique,
2° Dix de trèfle,	11° Roi de pique,
2° Dix de carreau,	12° Dame de pique,
4° Roi de cœur,	13° Valet de pique,
5° Roi de trèfle,	14° Dix de pique,
6° Roi de carreau,	15° Neuf de pique,
7° As de cœur,	16° Sept de pique,
8° As de trèfle,	17° Huit de pique.
9° As de carreau,	

Classement sous forme de mélange.

Faites passer successivement sur le jeu :

1º Les cinq dernières (cinq piques),
2º Trois cartes indifférentes,
3º Trois cartes du dessous (trois piques),
4º Trois cartes indifférentes.

Le classement ci-dessus doit servir pour la distribution des deux jeux ; il reste ensuite à classer les cartes du talon, de façon que par un tirage successif, il vous arrive en main les cartes nécessaires pour le gain de la partie. On doit pour cela changer la forme du faux mélange et continuer ainsi :

1º Prendre en main droite les quatorze premières cartes qui ont été classées sur le jeu ;

2º Tenir de la main gauche le restant du jeu entre le pouce et les quatre grands doigts ; puis faire glisser successivement sous le paquet de la main droite :

1º Avec le pouce de la main gauche, la carte du dessus de ce paquet ;

2⁰ Avec les quatre doigts de la même main, la carte de dessous du même paquet;

3⁰ Avec le pouce de la main gauche la carte de dessus, et ainsi de suite jusqu'à la fin du paquet.

Pour contrôler ce faux mélange, autrement dit pour s'assurer si l'on ne s'est pas trompé, le jeu doit se terminer par un dix.

Les cartes devront avoir l'ordre suivant :

1⁰ Trois cartes fausses,

2⁰ Trois cartes bonnes,

3⁰ Trois cartes fausses,

4⁰ Trois cartes bonnes,

5⁰ Sept de pique (retourne),

6⁰ Huit de pique,

7⁰ Carte fausse,

8⁰ As de cœur,

9⁰ Carte fausse.

Et ainsi de suite pour les as, les trois rois et les trois dix, qui seront séparés chacun par des cartes indifférentes.

Fausse coupe et distribution par trois.

— Lors de la création du bezigue, dites-vous à votre adversaire, on le jouait en cinq cents avec un seul jeu de piquet, et, vu la petite quantité de cartes, chaque joueur n'en avait que six dans son jeu.

Nous le jouerons donc ainsi, pour être complétement dans les règles de cette partie.

On distribue : trois, trois, trois, trois, dites-vous, et je retourne un sept, afin de marquer dix points.   10

Le donneur a entre les mains une seizième majeure en pique.

— J'ai à vous faire observer, monsieur, avant de regarder mon jeu, que quelle que soit la carte qu'il vous plaira de jouer, je la couperai par le neuf d'atout, afin de pouvoir marquer un mariage dans cette couleur.

On relève son jeu.

— En effet, je coupe et marque quarante.   40

Je vais maintenant tirer du talon le huit d'atout, avec lequel je couperai pour marquer mon deux cent cinquante.   250

Il me faut encore deux cents points pour gagner. Voyons ! quels seront les coups les plus expéditifs ? Un cent d'as par exemple. Je

———

A reporter.............:...... 300

Report............. 300

tire un as... On joue un de ses atouts pour
être le premier à tirer, et à chaque fois que
l'on tire on dit : puis un autre... etc., puis
enfin le quatrième. Celui-ci doit être l'as de...
(Comme chaque as a été nommé avant de
tirer, vous pouvez désigner la couleur de ce
dernier par celle de ceux que vous avez entre
les mains.)

Je marque cent.   100

— Visons maintenant à quatre-vingt de
rois. En voici un... puis un autre... etc.,
puis le quatrième. Je marque quatre-vingts.   80

Notez bien, monsieur, que je vous ai averti que
je ferais cinq cents sans que vous puissiez marquer
un point ; or, si vous aviez les brisques, vous pourriez les compter. Je vais m'en emparer pour vous
éviter cette peine (on les tire successivement).

La retourne vous revient de droit; mais pour
qu'elle ne puisse me nuire, je joue atout pour vous
l'enlever, et je reste maître de la partie.

Ainsi donc, dix de dernière et quarante de brisques font cinquante, qui, réunis aux quatre cent
quatre-vingts font cinq cent trente.

On doit comprendre que pendant cette partie il faut prendre à chaque coup pour être toujours le premier à tirer.

Si cette partie est difficile à exécuter, elle a l'avantage d'être très-brillante et de produire à coup sûr un effet saisissant.

XII

COUP DE PIQUET

Où l'on ait repic avec cartes blanches et où l'on gagne la partie bien
qu'on soit capot. — Cette partie se joue en cent points.

Ayez un jeu disposé à l'avance dans l'ordre suivant :

1° As de carreau,	10° Sept de trèfle,
2° Roi de carreau,	11° Dix de cœur,
3° Dame de carreau,	12° Neuf de cœur,
4° Dix de trèfle,	13° Dame de pique,
5° Neuf de trèfle,	14° Valet de pique,
6° Huit de trèfle,	15° Neuf de pique,
7° Valet de carreau,	16° Huit de cœur,
8° Dix de carreau,	17° Sept de cœur,
9° As de pique,	18° Neuf de carreau,

19° Sept de pique,	26° Dame de cœur,
20° As de cœur,	27° Roi de trèfle,
21° As de trèfle,	28° Roi de pique,
22° Huit de carreau,	29° Dix de pique,
23° Sept de carreau,	30° Dame de trèfle,
24° Huit de pique,	31° Valet de trèfle,
25° Roi de cœur,	32° Valet de cœur.

Cette disposition de cartes serait beaucoup trop longue pour être faite devant l'adversaire ; il est préférable d'avoir un jeu tout préparé et de le changer au moment d'engager la partie.

Fausse coupe et distribution par trois.

Après quoi on commence par montrer dix cartes blanches ; puis écartant le neuf de carreau, le huit de carreau, le sept de carreau et, au besoin, le huit de pique, si l'adversaire, comme il le doit, laisse une carte au talon, on a, par la rentrée de la dame de trèfle, du valet de trèfle et du valet de cœur, une seizième en trèfle et une quinte en cœur, avec lesquelles on fera repic en faisant cent sept points, et l'on gagnera, bien que l'on soit capot. Car l'adversaire ayant écarté, selon la règle du jeu, la dame, le valet, le neuf et le sept de pique, a pris pour sa rentrée le roi et la dame de cœur, le roi de trèfle et le roi de pique. Or, il possède en main une quinte majeure en carreau, un quatorze d'as et un quatorze de rois, avec lesquels il eut fait cent quarante-neuf points, si son point eut été bon.

---

§ XIII

INGÉNIEUX COUP DE PIQUET

Dans lequel on laisse l'adversaire libre : 1º de designer dans quelle couleur il veut être repic et capot ; 2º de recevoir les cartes par deux ou par trois ; 3º de choisir enfin celui des deux jeux qui lui convient.

Voici quel doit être l'ordre des cartes avant de donner à couper [1] :

1º Dame de trèfle,	6º Roi de cœur,
2º Neuf de trèfle,	7º Valet de cœur,
3º Huit de trèfle,	8º Dix de cœur,
4º Sept de trèfle,	9º Dame de cœur,
5º As de cœur,	10º Neuf de cœur,

[1] Ainsi que pour le coup précédent, ce jeu doit être préparé à l'avance, et le change doit en être fait avant de commencer la partie par les moyens indiqués plus haut.

11° Huit de cœur,
12° * Sept de cœur,
13° As de pique,
14° Roi de pique,
15° Valet de pique,
16° Dix de pique,
17° Dame de pique,
18° Neuf de pique,
19° Huit de pique,
20° * Sept de pique,
21° As de carreau,

22° Roi de carreau,
23° Valet de carreau,
24° Dix de carreau,
25° Dame de carreau,
26° Neuf de carreau,
27° Huit de carreau.
28° * Sept de carreau,
29° As de trèfle,
30° Roi de trèfle,
31° Valet de trèfle,
32° Dix de trèfle.

Les quatre sept marqués de l'astérique * sont des cartes larges.

Il est très-facile de voir, par l'ordre dans lequel les cartes ont été disposées en la table ci-dessus, que si l'on coupe le jeu à l'une des cartes larges, qui sont les dernières de chacune des quatre couleurs, il y aura toujours au talon huit cartes d'une même couleur, et que, par conséquent, si celui contre lequel on joue a demandé d'être repic en trèfle, en coupant soi-même à la première carte large, qui est le sept de trèfle, on placera nécessairement les huit trèfles sous le jeu et l'on aura pour la rentrée la quinte majeure en trèfle. Il en sera de même pour toutes les couleurs, en coupant au sept de chacune d'elles.

L'adversaire ayant donc demandé d'être repic en trèfle, il en résultera les jeux suivants, si d'après ses ordres on a donné les cartes deux à deux.

JEU

DU PREMIER EN CARTES.

As de cœur,
Roi de cœur,
Dame de cœur,
Neuf de cœur,
As de pique,
Roi de pique,
Dame de pique,
Neuf de pique,
As de carreau,
Roi de carreau,
Dame de carreau,
Neuf de carreau.

JEU

DU DEUXIÈME EN CARTES.

Valet de cœur,
Dix de cœur,
Huit de cœur,
Sept de cœur,
Valet de pique,
Dix de pique,
Huit de pique,
Sept de pique,
Valet de carreau,
Dix de carreau,
Huit de carreau,
Sept de carreau.

RENTRÉE DU PREMIER.

As de trèfle.
Roi de trèfle,
Valet de trèfle.
Dix de trèfle,
Dame de trèfle.

RENTRÉE DU SECOND.

Neuf de trèfle,
Huit de trèfle,
Sept de trèfle.

Si, au contraire, l'adversaire juge à propos de

recevoir les cartes trois à trois, il en resultera alors les jeux ci-après :

<table>
<tr><td align="center">JEU</td><td align="center">JEU</td></tr>
<tr><td align="center">DU PREMIER EN CARTES.</td><td align="center">DU DEUXIÈME EN CARTES.</td></tr>
</table>

As de cœur,	Dix de cœur,
Roi de cœur,	Dame de cœur,
Valet de cœur,	Neuf de cœur,
Huit de cœur,	Roi de pique,
Sept de cœur,	Valet de pique,
As de pique,	Dix de pique,
Dame de pique,	Sept de pique,
Neuf de pique,	As de carreau,
Huit de pique,	Roi de carreau.
Valet de carreau,	Neuf de carreau,
Dix de carreau,	Huit de carreau,
Dame de carreau.	Sept de carreau.

RENTRÉE DU PREMIER.	RENTRÉE DU SECOND.
As de trèfle,	Neuf de trèfle,
Roi de trèfle,	Huit de trèfle,
Valet de trèfle,	Sept de trèfle.
Dix de trèfle,	
Dame de trèfle.	

Lorsque l'adversaire aura nommé la couleur dans laquelle il veut être repic et que nous supposerons

être en trèfle, on coupera au sept de cette couleur
et on lui dira qu'il a la liberté de se faire donner
les cartes par deux ou par trois. Les cartes ayant
été distribuées, d'une ou d'autre façon, on dit à
l'adversaire qu'il peut choisir, sans cependant les
regarder, celui des deux jeux qu'il désirera, à condition qu'il sera toujours dernier en cartes.

Si les cartes ont été données par deux, et que
chacun ait gardé son jeu, on écartera le neuf de
cœur, de pique et de carreau, et deux dames quelconques. La rentrée donnera une quinte majeure en
trèfle, quatorze d'as et quatorze de rois, avec lesquels
on fera repic.

Si, au contraire, l'adversaire a choisi le jeu du
premier en cartes, on écartera les sept de cœur, de
pique et de carreau, et deux huit quelconques. On
aura, par la rentrée, la même quinte en trèfle, quatorze de dames et quatorze de valets, qui produiront
également le repic.

Si l'adversaire, au lieu de recevoir les cartes par
deux, préfère qu'on les lui donne par trois, et qu'il
garde son jeu, on écartera le roi, le huit et le sept
de cœur, le neuf et le huit de pique, afin d'avoir,
par la rentrée, la quinte majeure en trèfle, une

tierce à la dame en carreau, trois as, trois dames et trois valets, avec lesquels on fera repic.

Si, enfin, il choisit le jeu du premier en cartes, on écartera la dame et le neuf de cœur, le valet et le sept de pique et l'as de carreau. On aura, par la rentrée, cette même quinte majeure en trèfle, une tierce au neuf en carreau, trois rois et trois dix, qui feront vingt-neuf points. En jouant, on fera seulement le soixante.

Nota. — Bien que le repic ait été supposé avoir été demandé en trèfle par l'adversaire, il est bien entendu qu'il peut être en quelque couleur que ce soit ; il s'agit seulement, ainsi qu'il a été expliqué au commencement de ce tour, de couper au sept de la couleur demandée.

XIV

PETITES TRICHERIES

INNOCENTÉES PAR L'USAGE

Dans les faits ordinaires de la vie il est très-facile d'apprécier les limites placées entre la probité et la friponnerie ; la conscience et les lois, au besoin, tracent une ligne de démarcation sur laquelle tous les honnêtes gens sont d'accord.

En matière de jeu ce n'est plus de même : on sait fort bien où finit la tricherie, mais on est très-embarrassé pour dire où elle commence.

Ici je me vois forcé de donner au plus vite une

explication, sans laquelle le lecteur serait en droit de me faire un mauvais parti.

— Comment! me dira-t-il, vous prétendez que les honnêtes gens n'ont pas la conscience de distinguer la friponnerie de la loyauté? C'est vouloir faire une trop grande part à la grecquerie.

Je commence par déclarer ici que personne plus que moi ne croit à la probité ; sans cette ferme croyance je n'aurais pas livré cet ouvrage à la publicité.

Mais, si honnête que soit un homme, ne peut-il pas en jouant se laisser aller à certaines licences admises dans quelques maisons, où les parties ne sont pas assez importantes pour être sérieuses, mais le sont encore trop pourtant pour ne pas être onéreuses?

Il s'agit, il est vrai, de peccadilles ; ce sont des manœuvres intelligentes, des finesses, des ruses auxquelles, à défaut d'appellation, on peut donner celle de prestidigitation de l'esprit.

Je vais en signaler quelques-unes, en commençant par les plus innocentes ; puis je m'avancerai dans cette voie jusqu'à la tricherie, en priant le lec-

teur de fixer lui-même où doit se trouver la limite
de la probité.

Si l'on se trouve, par exemple, en face d'un
joueur maladroit, qui classe trop ostensiblement ses
atouts, devra-t-on éviter de porter trop d'attention
à cette maladresse, qui indique en partie la substance du jeu de l'adversaire ?

Il peut encore arriver que, soit par incurie, soit
que les cartes soient rendues transparentes par
l'action d'une lumière voisine, il peut arriver, dis-
je, qu'un joueur montre ses cartes. Ne doit-on pas
le prévenir ?

Que dites-vous, lecteur, d'un adversaire qui,

jouant à l'écarté, consulte la galerie, ainsi qu'il en a
le droit, sur la question de savoir s'il doit jouer ou
non d'autorité, et qui, après quelque hésitation,
propose d'aller aux cartes. On doit supposer qu'il a
beau jeu et que c'est par prudence qu'il fait une
proposition. Détrompez-vous : il écarte cinq cartes ;
il voulait tromper son adversaire, et il y parvient si
celui-ci est inexpérimenté.

Un autre, avant de proposer, regardera ses jetons
comme pour marquer le roi ; puis se ravisant après
vous avoir intimidé, il demande des cartes. Il est
enchanté que vous lui en donniez, car non-seulement
il n'avait pas le roi, mais il avait encore un très-
mauvais jeu.

Vous êtes encore à l'écarté et vous avez trois
points ; votre adversaire l'ignore, sans doute, puisqu'il vous demande où vous en êtes. — J'en ai

trois, lui dites-vous. Ceci semble le décider à ne pas jouer d'autorité, et il propose. Il y a tout lieu de croire que son jeu est assez beau; vous auriez tort, dans ce cas, de refuser, aussi consentez-vous à lui donner... cinq cartes; car cette petite comédie était une intimidation : il n'avait rien.

Certains joueurs exercent leur physionomie à peindre le contraire de ce qu'ils éprouvent : ont-ils beau jeu, ils affectent de demander des cartes avec précipitation, et dans le cas contraire on les voit hésiter en faisant cette proposition. D'autres, avec de belles cartes, simulent de la mauvaise humeur et froncent le sourcil, tandis qu'avec un mauvais jeu ils semblent joyeux et impatients d'engager la partie.

Il arrive aussi quelquefois à l'écarté, qu'un joueur à la fin d'un coup soit embarrassé sur ses deux dernières cartes. L'une ou l'autre peut le sauver de la vole. Au lieu de s'en rapporter à ce dicton : *Qui garde à carreau n'est pas capot*, il abat ses deux cartes et fixant ses regards sur ceux de son adversaire, il voit les yeux de celui-ci se porter naturellement sur la carte préservatrice. L'observateur en profite et se sauve du capot.

Cette observation est immanquable, mais est-elle délicate ?

On raconte à ce sujet une anecdote qui doit trouver ici sa place :

Dans une partie de piquet engagée au milieu de nombreux intéressés, l'un des joueurs est sur le point d'être capot : il lui reste encore à jouer deux cartes, le roi de cœur et le roi de pique ; l'une des deux cartes peut le sauver, mais le hasard seul peut le favoriser dans le choix de celle qu'il doit garder en dernier. Il les étale sur la table et, après quelque hésitation il se décide à prendre le roi de pique pour le jouer, lorsqu'il se sent presser le pied.

Notre homme acceptant cet indice comme une révélation, se ravise et joue le roi de cœur. Il perd la partie ; c'était le roi de pique qu'il devait garder.

Le perdant se plaint de la faute qu'on lui a fait

commettre ; il veut connaître l'auteur du guet-apens
et il apprend que l'avis perfide lui a été commu-
niqué par son adversaire. Celui-ci, bien qu'il ait
perfidement agi, se justifie en prétendant que c'est
par mégarde qu'il lui a touché le pied.

Que le lecteur se prononce sur le degré de délicatesse des deux joueurs.

Il n'est pas d'usage à l'écarté, lorsqu'on est en
galerie de parier tantôt d'un côté tantôt de l'autre ;
qu'on ponte ou qu'on ne ponte pas on reste fidèle à
son côté. Quelques joueurs trouvent cependant le
moyen de profiter des chances favorables que présentent les deux parties.

Voici comment on s'y prend :

Deux personnes s'associent d'intérêt et se placent
dans les galeries opposées. Un coup favorable
vient-il à se présenter d'un côté ; sur un signe convenu, l'associé qui est de cette galerie met un enjeu
assez fort, tandis que l'autre s'abstient. Lorsque
la fortune semble favoriser le côté adverse, l'enjeu

change de place. Ces manœuvres sont bien innocentes sans doute, mais elles ne s'avouent pas.

Dans les parties à quatre, au whist, par exemple,
on ne doit faire aucune communication à son partenaire, excepté celles autorisées par l'usage et que
l'on nomme invites ; ici il n'y a rien à dire, puisque
cette télégraphie est admise pour les deux côtés.
Mais quelques personnes vont plus loin et se livrent
à des mouvements nerveux, à des jeux de physionomie qui renseignent très-bien leurs partenaires sur
la valeur de leur jeu.

Aux jeux d'écarté, quelques joueurs, lorsqu'ils
mêlent les cartes, laissent voir à leur adversaire
celle qui est sous le jeu. Il y a certaines personnes
qui tirent avantage de cette négligence.

Voici la petite manœuvre qu'ils emploient dans
cette circonstance :

Le donneur présente le jeu à couper. On coupe de manière à laisser moins de onze cartes sur la table ; or, comme en coupant, ces cartes vont venir sur le jeu, et qu'elles seront distribuées, il en résultera que, si l'observateur n'a pas dans son jeu la carte remarquée, elle devra se trouver dans celui de son adversaire.

On sait le tort que peut causer la connaissance d'une carte au jeu d'écarté.

Voici un fait que je recommande plus particulièrement à l'appréciation du lecteur :

Personne n'ignore que, dans certains jeux et particulièrement à l'écarté, les couleurs, après une partie, tendent à se rassembler, puisque les règles exigent que l'on fournisse la couleur demandée.

Ce que l'on aura de la peine à croire, si l'on ne s'en rend pas compte par un essai, c'est que, si bien fait que soit un mélange par les méthodes ordinaires, il est bien rare que deux ou trois cartes qui s'étaient réunies se séparent.

Admettons qu'un joueur habile, lorsque son adversaire relève les cartes pour les mêler, ait remarqué parmi celles-ci une séquence au roi, telle que
le roi, la dame et le valet de cœur : on va voir
l'avantage qu'il tirera de cette observation.

Avec la supposition très-probable que la séquence
par le mélange n'a pas été séparée, si l'observateur,
après que les cartes ont été distribuées, a le roi dans
son jeu, et que cette carte lui soit venue la deuxième
des deux cartes de la première donnée, il peut supposer que la dame et le valet, venant après, sont dans
le jeu de son adversaire. Autrement, si le valet lui
est arrivé la première des trois cartes de la seconde
donnée, la dame et le roi peuvent être dans le jeu
adverse. Si, enfin, le roi retourne, les deux autres
cartes viennent à la suite sur le talon.

En suivant cette tactique ne peut-on pas se laisser
aller malgré soi à négliger un peu le mélange pour
favoriser la réussite d'une aussi intelligente observation ?

Il arrive souvent qu'à la bouillote un joueur ayant

mauvais jeu propose une somme considérable pour intimider et faire filer. Cette finesse réussit souvent, mais, en raison de son but indélicat, elle n'est pas tolérée dans un grand nombre de cercles.

Pour terminer cette collection de supercheries plus ou moins licites, je vais citer un trait que la chronique, à tort ou à raison, attribue à M. de Talleyrand.

Voici le fait:

M. de Talleyrand jouait à la bouillotte; il venait de donner les cartes et, selon l'usage, à ce jeu, il attendait son tour pour parler.

Les deux premiers adversaires passent.

— Dix louis, dit le troisième;

— Vingt, dit M. de Talleyrand;

— Quarante, fait l'adversaire.

— Mon tout dit résolûment le diplomate, en indiquant cent louis qu'il a devant lui. Mais, à ce moment, une carte lui échappe des mains; c'est un neuf; il le relève avec promptitude.

L'adversaire a eu toutefois le temps, de voir cette carte et, bien qu'ayant un brelan de rois, il juge prudent de filer. Dans sa pensée, si M. de Talleyrand a si vigoureusement relancé, c'est qu'il doit avoir un très-beau jeu. Ce qui le porte à cette croyance c'est que la retourne est un neuf et que, selon toute probabilité, le neuf tombé des mains du diplomate fait partie d'un brelan carré.

On abat les jeux; M. de Talleyrand gagne avec trois cartes dépareillées parmi lesquelles figure le neuf qu'il a insidieusement laissé tomber sur la table pour intimider son adversaire.

Je m'arrête à cette anecdote, car, si je continuais de tels récits pendant quelques pages encore, je craindrais d'être insensiblement amené à confondre le titre de ce chapitre avec ceux qui l'ont précédé. Le lecteur doit être, du reste, suffisamment édifié sur la nature des supercheries que je lui ai dévoilées et se trouver plus que jamais affermi dans cette opinion qu'un joueur loyal ne doit profiter d'aucun

autre avantage que ceux que lui offrent sa bonne
fortune et l'intelligente direction de sa partie.

Maintenant que ma tâche est terminée, permettez-
moi, lecteur, de vous faire part d'une appréhension
qui n'a cessé de me poursuivre pendant tout le cours
de cet ouvrage. Cette appréhension dont je veux
vous faire part sera plus facilement comprise
lorsque je l'aurai fait précéder d'un petit apo-
logue.

Vous n'êtes pas, lecteur, sans avoir assisté à ce
singulier spectacle de deux hommes se battant sur
la voie publique et, subitement réconciliés, tournant leurs forces réunies contre l'officieux qui les
sépare.

Eh bien! l'auteur de cet ouvrage ne court-il pas
les mêmes risques que l'agent conciliateur? ne peut-
il pas devenir, pour les battants comme pour les
battus, pour les fripons comme pour les dupes,
l'ennemi commun? Les joueurs passionnés lui repro-
cheront peut-être de les détourner du jeu en leur

inspirant la crainte d'y être volés. Les Grecs ne manqueront pas de lui porter rancune pour les avoir démasqués.

Ces pensées, lecteur, vous le voyez, ne m'ont point empêché de poursuivre la tâche que je m'étais imposée, et, quoi qu'il arrive, j'espère que le public me saura bon gré d'avoir voulu l'éclairer quand même, et d'avoir eu plus de souci de son intérêt que du mien.

FIN.

TABLE

PARTIE TECHNIQUE

PRINCIPES GÉNÉRAUX

COUPS DE TRICHERIES

TRICHERIES RÉCRÉATIVES

PETITES TRICHERIES

DES GENS DU MONDE

FIN DE LA TABLE.